中国社会科学院—乌克兰国立敖德萨海事大学：中国研究中心

CASS - ONMU:CENTER OF CHINA STUDIES

丝路发展与读懂中国

The Development of Silk Road and
Understanding China

何星亮　马峰　等著

中国社会科学出版社

图书在版编目（CIP）数据

丝路发展与读懂中国／何星亮等著 . —北京：中国社会科学出版社，2020. 7
ISBN 978 – 7 – 5203 – 5979 – 5

Ⅰ. ①丝…　Ⅱ. ①何…　Ⅲ. ①"一带一路"—国际合作—研究　Ⅳ. ①F125

中国版本图书馆 CIP 数据核字（2020）第 022816 号

出 版 人　赵剑英
责任编辑　刘凯琳　李凯凯
责任校对　夏慧萍
责任印制　王　超

出　　版　中国社会科学出版社
社　　址　北京鼓楼西大街甲 158 号
邮　　编　100720
网　　址　http：//www. csspw. cn
发 行 部　010 – 84083685
门 市 部　010 – 84029450
经　　销　新华书店及其他书店

印　　刷　北京明恒达印务有限公司
装　　订　廊坊市广阳区广增装订厂
版　　次　2020 年 7 月第 1 版
印　　次　2020 年 7 月第 1 次印刷

开　　本　710×1000　1/16
印　　张　15.5
插　　页　2
字　　数　151 千字
定　　价　89.00 元

目　　录

第一篇　丝路发展与中国机遇

第二篇　丝路发展与感知中国

第三篇 丝路发展与中国发展经验

第四篇 丝路发展与联通中国

第一篇

丝路发展与中国机遇

第 一 章

"一带一路"倡议与构建
人类命运共同体

　　古代丝绸之路把众多的中国文明产品传播到世界各地，丰富了世界各国人们的物质和精神文化生活，为人类文明的发展做出了重要贡献。据笔者在中亚哈萨克斯坦、吉尔吉斯斯坦两国的调研，说明"一带一路"建设既是共赢共享之路，也是构建人类命运共同体之路。中国政府和中国企业与中亚各国合作，共同打造现代化的基础设施；共同建设信息化和智能化的农业生产和工业生产体系；共同开采和输出资源，增加财政收入，提高人们生活水平；帮助他们培训现代高素质技术人才队伍和解决就业问题。"一带一路"建设与"人类命运共同体"的构建成正相关，凡是

---

[*] 何星亮，博士、研究员，中国社会科学院学部委员。

"一带一路"建设合作较好的地区,"人类命运共同体"的构建也就越好。

引 言

自 2013 年以来,"一带一路"建设朝着"和平之路""繁荣之路""开放之路""创新之路""文明之路"的方向顺利发展,[①] 开创中国和世界各国互利共赢、共同富裕的发展新路。经贸合作硕果累累,贸易规模越来越大,投资领域不断拓宽,大批民生工程和基础设施工程扎实推进,中外合作的经贸合作区、工业园区在许多沿线国家生根落地。

不过,有些国家的政治家和学者对"一带一路"存在认识误区。有的认为中国的"一带一路"建设是地缘战略工具,是恢复"历史上奉行垂直权力结构的朝贡体系","成为地区最大的主导国家";有的认为中国将通过"一带一路"建设挑战现有的国际秩序,担心未来世界将成为"中国中心秩序"的世界;有的质疑中国将"过剩产能倾销"到沿线国家;有的质疑"中国把国内那套带到国外"。[②]有的还质疑"一带一路"建设中的"环境、劳工标准、债

---

① 习近平:《携手推进"一带一路"建设》,载《习近平谈治国理政》(第二卷),外文出版社 2017 年版,第 506—516 页。

② 王义桅:《西方质疑"一带一路"的三维分析:心理·利益·体系》,《东南学术》2018 年第 1 期。

务、透明度、政府采购、社会责任"等问题；有的担心"一带一路"建设将改写"现有标准和规则，担心损害自身利益，动摇国际体系"①。有的则指责"一带一路"建设将导致有关国家"丧失国家主权"，并提出所谓"小心中国贷款"的论调。②

"一带一路"建设与构建人类命运共同体密切相关。习近平主席2017年1月18日在联合国日内瓦总部演讲时说："构建人类命运共同体，实现共赢共享。"③ 又说："我提出'一带一路'倡议，就是要实现共赢共享发展。"④ 因此，"一带一路"与"人类命运共同体"密不可分。"如果说构建人类命运共同体理念为解决人类问题贡献了中国智慧，'一带一路'建设则是从实践角度为解决人类问题贡献了中国方案。"⑤ "一带一路"建设既是共赢共享之路，也是构建人类命运共同体之路。从近几年中亚部分国家的实践来看，"一带一路"建设与"人类命运共同体"的构建成正相关，凡是"一带一路"建设合作较好的地区，"人类命运共同体"的构建也就较好。

本书一方面根据外国著名学者的研究说明古代丝绸之

---

① 王义桅：《一些西方国家对一带一路理解很狭隘》，《人民日报》（海外版）2018年3月13日。

② 《美国务卿蒂勒森访非洲挨批、但仍要踩中国一脚》，《观察者网》2018年3月7日。

③ 《习近平谈治国理政》（第二卷），外文出版社2017年版，第539页。

④ 同上书，第546页。

⑤ 王义桅：《人类命运共同体理念的大格局大智慧》，《光明日报》2018年2月7日。

路对人类文明发展的贡献，另一方面根据笔者在中亚哈、吉两国调研资料和中亚各国的中文报刊资料，探讨"一带一路"建设与"人类命运共同体"构建的关系。

一　古代丝绸之路对人类文明发展的贡献

古代中国人创造了光辉灿烂的物质文明、制度文明和精神文明，通过陆上丝绸之路和海上丝绸之路传播到世界各国，丰富了世界各国人们的物质、社会和精神生活，为人类文明的发展做出了重要贡献。古代丝绸之路的主要目的是实现互通有无、互补互利。它是经贸和文化交流之路，是造福世界各国人民之路，是推动人类文明发展之路。它不是"地缘政治"的工具，更没有谋求"中国中心秩序"的功能。

（一）古代陆上和海上丝绸之路把古代中国人创造的世界一流的物质文明，传播到世界各国

英国著名学者李约瑟在《中国科学技术史》一书中指出：中国人众多的发明在"公元1世纪到18世纪先后传到欧洲和其他地区"，这些文明包括："（a）龙骨车；（b）石碾和水力在石碾上的应用；（c）水排；（d）风扇车和簸扬机；（e）活塞风箱；（f）水平织机（它可能也是印度的发

明）和提花织机；（g）缫丝、纺织和并丝机；（h）独轮车；
（i）加帆手推车；（j）磨车；（k）挽畜用的两种有效马
具——胸带式即驭者马具和颈带式马具；（l）弓弩；
（m）风筝；（n）竹蜻蜓和走马灯；（o）深钻技术；（p）铸
铁术；（q）常平悬架；（r）弓形拱桥；（s）铁索吊桥；
（t）河渠闸门；（u）造船和航运方面的许多发明，包括防
水隔舱、高效率空气动力帆和纵帆装置；（v）船尾舵；
（w）火药以及和它有关的一些技术；（x）磁罗盘，最初用
于堪舆术，后来又用于航海；（y）纸、印刷术和活字印刷
术；（z）瓷器。"他又说："我写到这里用了句点，因为26
个字母用完了，但还有许多例子、甚至还有重要的例子可
以列举。"①

　　李约瑟在为美国著名学者罗伯特·K. G. 坦普尔所写的
《中国：发明与发现的国度——中国科学技术史精华》一书
中的英文版序言中说："考古证据和绘画实物证实，中国的
发明与发现比欧洲类似的或照搬采用的发明与发现，一般
往往领先很长一段时间。无论是二项式实数排列，还是旋
转运动与直线运动相互转换的标准方法，或第一台时钟中
的擒纵装置，或韧性铸铁犁铧，或地植学与土壤学的开创，
或皮肤与内脏的关系，或天花痘苗接种的发现——不管你

---

① ［英］李约瑟：《中国科学技术史》（第一卷），袁翰青等译，科学出版社、上海古籍出
版社1990年版，第252页。

探究哪一项，中国总是一个接一个地位居'世界第一'。"①

英国文艺复兴时期的哲学家弗朗西斯·培根（Francis Bacon）认为，"造纸与印刷术、火药、指南针这三项发明对于彻底改造近代世界并使之与古代及中世纪划分开来，比任何宗教信念、任何占星术的影响或任何征服者的成功所起的作用更大"②。马克思也说"火药、指南针和印刷术的发明……这些都是资产阶级发展的必要前提……"③。

美国著名学者罗伯特·K.G.坦普尔也说："我们所生活的'近代世界'原来是中国和西方成分的极好结合，'近代世界'赖以建立的种种基本发明和发现，可能有一半以上源于中国。"④ 他还说："近代农业、近代航运、近代石油工业、近代天文台、近代音乐，还有十进制数学、纸币、雨伞、钓鱼竿上的绕线轮、独轮车、多极火箭、枪炮、水下鱼雷、毒气、降落伞、热气球、载人飞行、白兰地、威士忌、象棋、印刷术，甚至蒸汽机的基本结构，全部源于中国。"⑤ 他认为，"如果没有从中国引进船尾舵、罗盘、多重桅杆等改进航海和导航的技术，欧洲绝不会有导致地理

---

① ［美］罗伯特·K.G.坦普尔：《中国：发明与发现的国度——中国科学技术史精华》，陈养正等译，21世纪出版社1995年版，"英文版序言"第7页。

② 同上。

③ 《马克思1863年1月28日致恩格斯的信》，载《马克思恩格斯全集》（第30卷），人民出版社2006年版。

④ ［美］罗伯特·K.G.坦普尔：《中国：发明与发现的国度——中国科学技术史精华》，陈养正等译，21世纪出版社1995年版，自序第11页。

⑤ 同上书，自序第11—12页。

大发现的航行，哥伦布（Columbus）也不可能远航到美洲，欧洲人也就不可能建立那些殖民帝国。"① 在他看来，"如果没有从中国引进马镫，使骑手能安然地坐在马上，中世纪的骑士就不可能身披闪闪盔甲，救出那些处于绝境中的少女，欧洲也就不会有骑士时代。如果没有从中国引进枪炮和火药，也就不可能用子弹击穿骑士的盔甲，把他们打下马去，因而就不可能结束骑士时代。"② "如果没有从中国引进造纸术和印刷术，欧洲可能要更长期地停留在手抄书本的状况，书面文献就不可能如此广泛流传。"③ "活字并不是约翰·古登堡（Johann Gutenberg）发明的，那是中国的发明；人体血液循环不是威廉·哈维（Willian Harvey）发现的，那也是中国的发现"；"第一运动定律也不是伊萨克·牛顿首次发现的，而是中国人早就发现了的"④。据他的研究，"为工业革命打下基础的欧洲农业革命，只是输入中国的思想和发明以后才开始的"⑤。"在两个世纪以前，西方的农业还比中国落后得多，与当时中国这个发达国家来比，西方还是个不发达国家。"⑥

---

① ［美］罗伯特·K. G. 坦普尔：《中国：发明与发现的国度——中国科学技术史精华》，陈养正等译，21 世纪出版社 1995 年版，自序第 11—12 页。

② 同上书，自序第 12 页。

③ 同上。

④ 同上。

⑤ ［美］罗伯特·K. G. 坦普尔：《中国的创造力量》，《西学译丛》1992 年第 3 期。

⑥ ［美］罗伯特·K. G. 坦普尔：《中国：发明与发现的国度——中国科学技术史精华》，21 世纪出版社 1995 年版，自序第 18 页。

（二）古代陆上和海上丝绸之路把古代中国人创造的世界一流的制度文明和精神文明，传播到世界各国

古代中国人创造物质文明堪称世界一流，创造的精神文明和制度文明也丰富多彩，对世界各国的精神和制度文明影响巨大。

17—18 世纪，部分西方传教士把古代中国的主要经典翻译介绍到欧洲各国，震动欧洲部分国家的思想界，并形成崇拜中国文化的热潮。"中国成了他们理想的国家，孔子成了欧洲思想的偶像。"[①] 儒家经典的部分原理，成为欧洲哲学家反对教会的武器，成为欧洲启蒙思想的一个重要思想渊源。中国古代经典"民为邦本"[②]"民贵君轻"[③]"水能载舟亦能覆舟"[④]"得道者多助，失道者寡助"[⑤]"财聚则民散，财散则民聚"[⑥] 等思想，是欧洲近代民主思想的一个重要来源。18 世纪的欧洲启蒙学者，从中国儒家经典的思想中悟出了一个道理：政府的目标是人民的幸福。倘若违背这一目标和宗旨，人民就会起来推翻政府。因此，部分思想家借鉴古代中国的思想和理念，并把它们融入本国的民主政治理念中。美国汉学家顾立雅 1949 年在《孔子与中国

---

① 方豪：《中西交通史》（下册），岳麓书社 1987 年版，第 1058 页。
② 《尚书·五子之歌》。
③ 《孟子·尽心下》："民为贵，社稷次之，君为轻。"
④ 《荀子·哀公》："水则载舟，水则覆舟。"
⑤ 《孟子·公孙丑下》。
⑥ 《大学》。

之道》一书中指出："在欧洲，在以法国大革命为背景的民主理想的发展中，孔子哲学起了相当重要的作用。通过法国思想，它又间接地影响了美国民主的发展。"①

此外，古代中国的教育思想、职官制度和科举制度，对西方近代职官制度和教育制度的形成起到了重要的影响。孔子"有教无类"的思想被欧洲人视为"教育平等"思想的新纪元。中国的职官制度和科举制度成为欧洲主要国家反对中世纪贵族世袭制度的武器，一些思想家主张像中国一样通过平等竞争走向仕途。法国古典政治经济学奠基人之一弗朗斯瓦·魁奈（Francois Quesnay）曾说，"中国的理论""完全可以作为一切国家的范例"。②法国哲学家霍尔巴赫（Holbarch）也认为："中国是世界上唯一的将政治和道德结合的国家"，是一个"德治或以道德为基础的政府"，他认为，"这个帝国的悠久历史使一切统治者都明白了，要使国家繁荣，必须仰赖道德。"③启蒙思想家认为，要向欧洲"移植中国的精神"。中国的儒家思想成为他们"自由、平等、博爱"等民主思想的一个重要来源和依据。"孔子成了18世纪启蒙学者们的守护神。"④

胡适在1947年也谈到中国文化对西方文化的影响，他

---

① ［美］顾立雅：《孔子与中国之道》，高专诚译，山西人民出版社1992年版，第7页。
② ［法］弗朗斯瓦·魁奈：《中华帝国的专制制度》，谈敏译，商务印书馆1992年版，第111页。
③ 沈福伟：《中西文化交流史》，上海人民出版社1985年版，第452页。
④ ［美］顾立雅：《孔子与中国之道》，高专诚译，山西人民出版社1992年版，第368页。

说："中国文化对世界有一很大的贡献，就是这种文官考试制度。没有其他的民族和国家，其考试制度会有二千多年的历史的。"早在 17 世纪，便有耶稣会的传教士把中国的历史文化和政治制度带到欧洲，当时便有人提到要采用中国的考试制度。法国大革命时（1791 年），法国政府宣布要采用中国的考试制度，"其后这种思想，由欧洲大陆传入英国。英国当时有所谓'公理学派'，主张改革政治，……他们同样看重中国的文官制度，主张英国也应加以采用。""后来英国议会讨论这个问题时，有赞成和反对两派的意见。赞成派的理由，是中国能维持几千年的统一局面，主要的是因为政府采用这种公开的客观的考试制度；反对派则认为中国自鸦片战争以来，历次对外打败仗，所以不应仿效中国的制度。""后来英国先是在印度和缅甸试行这种制度，到十九世纪以后，又在国内施行。""其后德国也采用考试制度，不久复传到美国。这都是直接或间接接受到中国的影响的。"[①] 现代西方的学位制度无疑借鉴了古代中国的科举制度。

　　古代中国创造的世界一流的物质文明、制度文明和精神文明，是中华民族世世代代集体智慧的结晶，充分体现了中国人的聪明才智，充分说明中华文明是古代世界文明中最为重要的文明之一。从大量的历史文献资料来看，古

---

① 胡适：《考试与教育》，《世界日报》（北平）1947 年 12 月 1—5 日。

代中国的各种文明及其知识，都是通过陆上和海上丝绸之路传播到东亚、南亚、中亚、西亚和欧洲各国，并造福于全人类。

二　当代"一带一路"建设与人类命运共同体的构建

现代的海陆并进的"一带一路"与古代丝绸之路一样，不是谋求"地缘政治"和"中国中心秩序"的工具，而是沿线各国经济、科技和文化交流之路，是沿线各国合作共赢、共同走向现代化之路，是造福沿线各国之路，是中国构建"人类命运共同体"重要方式之一。

据有关学者研究，"随着建设不断深化，'一带一路'经贸合作取得丰硕成果。一是贸易规模越来越大，2017 年，中国与'一带一路'国家进出口总额达 1.1 万亿美元；二是投资领域不断拓宽；三是大项目扎实推进，铁路、公路和港口等基础设施相继建成，能源资源合作项目重点推进，一批制造业项目竣工投产。中国在'一带一路'相关国家已经建设了 75 个境外经贸合作区，累计直接投资超过 600 亿美元"①。

---

① 王义桅：《一些西方国家对一带一路理解很狭隘》，《人民日报》（海外版）2018 年 3 月 13 日。

笔者 2018 年 4 月到中亚哈萨克斯坦、吉尔吉斯斯坦等国考察和调研，了解了中亚各国关于"一带一路"建设的有关情况，收集了大量的资料。中国和中亚五国在"一带一路"建设中，坚持"共商、共建、共享"原则，中国政府和中国企业与五国合作，共同打造现代性的基础设施，共同建设信息化和智能化农业生产和工业生产体系，帮助他们培训现代高素质技术人才队伍，帮助他们解决就业问题，帮助他们开采和输出资源，增加财政收入，提高当地人们的生活水平，满足当地人们对美好生活的需求。下文将分若干部分说明。

（一）中国企业与中亚国家合作共建现代化基础设施

中国帮助丝绸之路经济带沿线国家修铁路、公路、架桥和修建机场，建设现代化的基础设施，受到相关国家政府和民众的好评。城市地铁和轻轨是城市建设现代化标志之一。中国企业中亚国家的企业合作共建现代化的城市轨道交通，是"一带一路"建设的重要任务。我们在调研期间，了解到中铁亚欧哈萨克斯坦轻轨项目是阿斯塔纳第一条轻轨，是满足阿斯塔纳居民交通现代化的基础设施建设之一。该轻轨南起阿斯塔纳国际机场，北至新火车站，全长 21.718 公里，有 18 座车站。由中铁亚欧建设投资有限公司承包和管理，施工单位主要有中铁二局、中铁六局和北京城建集团有限公司，于 2017 年 12 月 29 日动工建设，计划在三年内建成。轻轨建成后，将大大改善阿斯塔纳的交通状况，方便阿斯塔纳居民的出行。

城市供电供暖系统等民生工程现代化是"一带一路"建设的重要基础设施之一。吉尔吉斯斯坦首都比什凯克的热电厂建于1958年，经过60年的运转，设备已经严重老化，在供电和环保方面已经很难满足其经济发展的需求。比什凯克市热电厂改造升级是城市现代化的一部分。中国新疆特变电工股份有限公司2014年在吉尔吉斯斯坦成立电厂改造项目。该项目包括拆除比什凯克市部分无法工作的老机组，建设新机组。据该项目部经理刘林介绍，施工中采用最先进的环保技术和材料，并尽量减少噪音和电磁波对环境的影响，排放灰渣使用湿法脱硫，形成的副产品（石膏）还可循环再利用，不仅达到了环境保护评估标准，还增加了热电厂的经济效益。改造后，供电方面发电量从原有的每年2.62亿度电提高到每年17.4亿度电，供暖方面可提供4000立方米/小时的供暖热水消耗量，占原热电供热的25%。项目于2017年7月7日就通过了国家验收委员会验收竣工，提前合同工期5个月竣工，8月30日举行了竣工仪式。①

---

① 《保吉国首都渡供暖危机 特变电工新建机组立功》，《丝路新观察》（周报）2018年1月31日。

（二）中国企业与中亚各国合作共建现代农牧业生产和加工体系

中亚一些国家的农牧业生产还比较落后，由传统的农牧业生产过渡到现代化、信息化和智能化的农牧业生产，需要大量的资金和技术。我们在调研期间，了解到中国一些企业帮助中亚部分国家建立现代化的农牧业体系，在资金和技术上给予大力支持。

1. 西安爱菊集团在哈萨克斯坦建立"爱菊农产品物流加工园区"

该园区于 2016 年 5 月 31 日开建，列入"中哈产能与投资 51 个合作项目清单"。园区包括油脂厂、食品厂、粮库、豆芽和豆制品厂、牛羊肉加工厂、蛋奶制品厂、电子商务、物流贸易等。一期加工 30 万吨油脂厂，已在哈萨克斯坦总统纳扎巴耶夫亲自见证下投产运营，成为哈萨克斯坦最大油脂厂。至 2017 年年底，爱菊集团共计在哈萨克斯坦投资 1.14 亿元。

2. 河南贵友集团有限公司在吉尔吉斯斯坦建立"亚洲之星农业生产合作区"

合作区于 2016 年 8 月被国家商务部、财政部确定为国家级"境外经济贸易合作区"。2017 年 7 月 31 日，成为农业部首批"境外农业合作示范区"建设试点单位，是我国目前唯一获得三部委确认的境外经济合作区。主产项目是农业种植、肉鸡养殖、屠宰分割、种鸡养殖、肉鸡苗孵化、饮料加工、农机配件等。合作区与河南农科院联合开展玉米育种，并获得成功，其中"郑黄糯二号"获得超高产，得到吉尔吉斯斯坦第一副总理、农业部长及农业专家的充分肯定。合作区销售的鸡肉产品占有吉尔吉斯斯坦50%的市场份额。合作区的大棚种植蔬菜发展迅速，大大丰富了吉尔吉斯斯坦人的菜篮子。一年多来，合作区完成9420万元销售额，拥有员工420人，其中90%以上为吉尔吉斯斯坦当地员工，合作区内共完成投资6338万美元，已有7家入园企业，另有3家企业正在办理入园手续。根据规划，与中建七局合作建设的项目有：一是年出栏12万头育肥牛、60万只育肥羊项目；二是年屠宰15万头牛、150万只羊及年产5万吨清真速冻食品，5万吨清真肉食类食品项目；三是年产10万吨面制品加工项目；四是年产200万吨混合饲料项目。

3. 中塔合作建立现代农业病虫害综合防治技术体系

据有关负责人介绍，自2012年起，中国和塔吉克斯坦两国科研人员在入侵生物方面开展了近6年的合作，旨在提高塔国对入侵物种的管理水平，消除中塔农业贸易中"生物安全"的壁垒。双方研发了以"生物防治"为核心的棉田害虫综合防治技术体系，即在中国监测预警技术的基础上，构建以性诱剂、种植蜜源植物诱集天敌技术和病毒农药等中国现代防治技术，并与塔吉克斯坦传统生物防治有机融合，形成针对入侵生物的综合防治技术体系。该技术体系在塔吉克斯坦不断推广，生物防治面积达到塔国农田面积的 40% 以上。[①]

4. 中塔合作打造世界一流纺织园

中亚地区最大的纺织企业、中塔两国"一带一路"建设项目——中泰塔吉克斯坦农业纺织产业园。2014 年 7 月，新疆中泰集团塔吉克斯坦农业纺织产业园正式启动。产业园总投资 20 亿元人民币，由新疆中泰集团、新疆生产建设兵团和塔方企业共同建设，三期工程一共配套 20 万亩棉田、3 座轧花厂。一期 6 万纱锭项目已于 2016 年投产，二期 8.6 万纱锭项目已于 2018 年 6 月投产。项目采用的全都是世界上最先进的生产设备，采用美国约翰迪尔数字化、智能化农业机械，并全套引进了世界顶级的瑞士纺织设备，其超高的自动化程度以及稳定的产品质量是生产高档纱制产品的保障。该项目投产使塔吉克斯坦的纺织工业向前迈进了20 年。根据总体规划，未来产业园将采用世界领先水平的环保工艺织布、印染和生产成衣，形成一条全产业链。阿利玛勒顿说："这条产业链对塔吉克斯坦增加就业、革新技术、提高税收等都会起到非常重要的作用。"塔吉克斯坦国家工业与新技术部第一副部长哈依达勒对产业园的成绩赞不绝口："中国企业带来了先进的生产设备，让我们的棉花

---

① 《中国技术"走西口"防治塔吉克斯坦农林害虫》，《塔国新观察》（周报）2018 年 5 月 7 日。

加工能力大幅提升。""以前，我们的棉花加工量仅占全国棉花产量的10%，现在，这一数字提升到了40%。未来，随着产业园项目二期和三期全面建成投产，我们的棉花加工能力将有质的飞跃。"① 2017年8月，中泰新丝路塔吉克斯坦农业纺织产业园二期5760头气流纺生产线项目开工，以织布、印染为主，通过深化合作的方式，引进中国及世界知名的棉纺织及印染企业，形成集棉花种植、纺织加工于一体的中大规模织布产业。② 随着设备更新，生产能力不断提升，农业纺织产业园已成为塔吉克斯坦出口创汇第一大户。③

5. 帮助中亚各国解决农产品销路

中国有关企业积极帮助中亚各国建立现代农产品销售体系。据报道，中哈通过协商，"中方计划允许东哈州的10家企业向中国出口产品。其中，6家企业为蜂蜜、3家企业为鱼类、1家企业为肉类加工公司"④。吉尔吉斯斯坦也和中国签署了四项肉类出口协议。吉尔吉斯斯坦将向中国出口牛肉、羊肉、鸡肉制品等。⑤

---

① 《中国、塔吉克斯坦携手打造世界一流纺织园》，《丝路新观察》（周报）2018年5月9日。

② 《中泰塔吉克斯坦项目二期投产》，《塔国新观察》2018年6月19日。

③ 《中国、塔吉克斯坦携手打造世界一流纺织园》，《丝路新观察》（周报）2018年5月9日。

④ 《东哈州10家蜂蜜、鱼类及肉类企业产品或将出口中国》，《哈国新观察》2018年5月2日。

⑤ 《吉尔吉斯斯坦将向中国出口牛羊肉》，《吉尔吉斯新观察》（周报）2018年5月1日。

（三）中国企业与中亚各国合作共建现代化、信息化和智能化的工业生产体系

中国企业为了帮助中亚各国建设现代化、信息化和智能化的工业体系，投入大量的人力和财力。

1. 中石油投资哈萨克斯坦 20 年来，建立了勘探、开发、炼化上下游一体化的产业链，投资超过 120 亿美元。现有各类生产经营项目 24 个，参股企业原油产量占哈萨克斯坦总产量 22% 以上，累计为当地贡献税收 424 亿美元，创造 3 万多个就业岗位。

2. 陕西煤业化工集团在吉尔吉斯斯坦设立"中大石油炼油项目"。该项目是由控股子公司中亚能源有限责任公司在吉尔吉斯斯坦全资投资的项目，项目总投资约 4.5 亿美元，地点位于吉尔吉斯北部楚河州卡拉巴德市东方工业园区。股权结构为陕煤集团占股 54%，民营资本占股 46%。项目目前分为三个板块，一是生产炼化的中大中国石油公司；二是油品销售（零售和批发）的吉尔吉斯斯坦石油天然气工业公司；三是从事建筑安装的天山建筑安装工程公司。中大石油在吉尔吉斯斯坦投资项目 2014 年建成投产，现有员工 1200 多人，每月为当地缴纳各类税费 350 多万美元，成为吉尔吉斯斯坦重要的纳税大户。中大中国石油公司原油来自俄罗斯、哈萨克斯坦和吉尔吉斯斯坦南部。

3. 中哈合作的"亚洲钢管厂"（ASPC）是中哈 51 个联合工业创新项目中的第一个项目，公司被列入中国"一带

一路"重点项目名单。由中石油子公司中亚瑞斯钢管（天津）公司（CNPC）援建，与哈萨克斯坦的两家私企共同经营。该公司生产产品为直径从 355 毫米到 1420 毫米的管道，面向哈萨克斯坦内外消费者。计划的第一条生产线为螺旋管，今后还计划推出一系列直缝管。[①]

4. 中国将协助塔吉克斯坦新建一座铝厂。建设新铝厂的协议是在塔吉克斯坦总统埃莫马利·拉赫蒙 2017 年 8 月底访华期间，与云南省的一家铝制品生产厂商达成的。新铝厂可以年产 50.3 万吨原铝，该厂造价成本为 16 亿美元，工期为 1 年零 8 个月。[②]

5. 华为技术哈萨克斯坦公司深受该国人们的欢迎。该公司去年在哈萨克斯坦市场推出了 19 款智能手机、平板电脑、健身手环以及智能手表。2017 年该公司仅在合作伙伴零售商网络中就销售了 44 万多部智能手机。同 2016 年同期相比，该公司前六个月的盈利增长了 36.2%。[③]

6. 中国科伦哈萨克药业公司。该公司位于阿拉木图州，2014 年 7 月投入运营。中方向该项目投入了 5000 万美元，仅在生产建设方面的投入就超过了约 2291 万美元。该公司有两条生产线：生产聚丙烯包装瓶输液、玻璃以及聚丙烯

---

① 《中资企业"说到做到"》，《哈国新观察》（周报）2018 年 4 月 27 日。

② 《中国将协助塔吉克斯坦新建一座铝厂，可提供一万多个就业岗位》，《塔国新观察》（周报）2018 年 3 月 15 日。

③ 《中资企业"说到做到"》，《哈国新观察》（周报）2018 年 4 月 27 日。

安瓿注射液。2017 年，生产超过 5000 万剂药物。产品不仅供应国内市场，公司占有率超过 80%，还出口到独联体国家，包括俄罗斯、吉尔吉斯斯坦、塔吉克斯坦等。出口量估计为 1000 万美元，预算支付 500 万美元税款。[①] 该公司计划扩大药品种类，并开始全面生产抗生素和抗肿瘤药物的高科技生产线。每年生产超过 150 种产品，塑料瓶注射剂的生产能力为每年 6000 万剂。[②]

（四）中国企业为中亚各国培训现代高素质的技工

由于多种原因，中亚各国劳动力素质普遍较低，许多劳动力处于 20 世纪七八十年代的水平，未掌握现代技术。中国不少高技术企业到中亚各国培养技术工人。例如，塔吉克斯坦华为子公司于 2005 年开始运营，作为全球信息和通信技术领域的领导者，该公司不仅直接参与塔吉克斯坦通信工程建设，还积极为塔吉克斯坦培训通信技术专家。2016 年华为推出设立全球"未来种子"项目，计划在五年内为 50 名塔方专家提供培训机会，同年便有塔方不同部委和部门的 10 名政府专家赴中国参加了培训。2018 年又有 8 名年轻专家被派往中国。[③]

---

① 《中资企业"说到做到"》，《哈国新观察》（周报）2018 年 4 月 27 日。
② 同上。
③ 《华为技术公司为塔吉克斯坦培训通讯技术专家》，《塔国新观察》（周报）2018 年 5 月 7 日。

中国企业不仅为塔吉克斯坦建设一流纺织产业园，还积极培训技术骨干。在产业园的塔方员工里，女工比例在60%以上，由于大部分工人直接从附近的农村招聘，需要进行技术培训才能胜任工作。此外，园区还把优秀员工送到中国进一步培训，为培养塔吉克斯坦新一代纺织产业工人打下坚实基础。据产业园综合管理部部长赵建龙介绍，目前产业园雇用了约400名塔方工人和管理人员。一位纺织女工告诉记者："中国企业教会了我技术，更让我们一家过上了好日子。"①

中国科伦哈萨克药业公司拥有自己的实验室，公司还不断培训专家，与哈萨克斯坦以阿斯分迪亚若夫命名的医科大学达成协议，为该校毕业生提供在中国实习的机会。②

中国新疆特变电工在吉尔吉斯斯坦电厂改造项目中，不断为当地员工提供专业培训。目前已经有221名吉方员工接受了包括锅炉、汽机、电气和热控四大专业在内的运行操作和检修理论学习。"争取2018年能让当地员工达到现代化电厂的独立操作和检修的水平。"③

---

① 《中国、塔吉克斯坦携手打造世界一流纺织园》，《丝路新观察》（周报）2018年5月9日。

② 《中资企业"说到做到"》，《哈国新观察》（周报）2018年4月27日。

③ 《保吉国首都渡供暖危机 特变电工新建机组立功》，《丝路新观察》（周报）2018年1月31日。

（五）中国企业与中亚各国合作解决就业问题

中亚各国就业问题较为严重，如塔吉克斯坦"劳动人口每年增长3%，而工作岗位仅增长0.7%"[①]。其他中亚国家也有类似情况。

中国企业在"一带一路"建设中，极大地帮助解决了中亚各国的就业问题。中石油承建土库曼斯坦—中国天然气管道，在塔境内400公里天然气管道，为塔吉克斯坦提供3000个就业岗位。[②]

据吉尔吉斯斯坦中大中国石油公司负责人介绍，该公司职工总数805人，其中中籍职工255人，吉籍职工550人，吉籍员工所占比例为68%。吉尔吉斯斯坦石油天然气工业公司职工总数478人，其中中籍职工25人，吉籍职工453人，吉籍员工所占比例为94%。天山建筑安装工程公司职工总数76人，其中中籍职工24人，吉籍职工52人，吉籍员工所占比例为68%。中大石油炼油项目，吉籍员工占比77%，直接解决就业500—600人，安保100—200人，油气公司200余人，间接的火车、汽车装卸等解决200余人，成品油销售间接解决就业不少于5000人。

据报道，中国援建塔吉克斯坦的铝厂将会给塔吉克斯

---

① 《亚开行对塔吉克斯坦2019年经济前景进行预测》，《塔国新观察》（周报）2018年5月7日。

② 中国驻塔使馆经参处提供的资料，《塔国新观察》（周报）2018年2月6日。

坦国内提供 1.1 万个工作岗位。[①] 中国科伦哈萨克药业公司 2017 年雇用了约 400 名当地员工。[②]

(六) 中国企业与中亚各国合作开采和输出资源,增加财政收入,满足当地人们对美好生活的需求

据报道,2013 年 10 月,中石油国际中亚公司成为哈萨克斯坦卡沙干项目主要股东之一。卡沙干项目位于里海海滨城市阿特劳市东南约 70 公里的里海北部水域,是关系到哈萨克斯坦国民经济发展的重要项目。2016 年 11 月开始商业生产,2017 年下半年开始注气开发,油田原油生产稳步提升。目前,地面设备运行效果良好,整体运行状况好于设计。今年以来,原油日产量已突破 4 万吨(32.3 万桶)。按照这一生产水平,卡沙干项目今年产量将达到 1131 万吨。卡沙干油田一期开发设计目标是,2023 年日产油量提升到 50 万桶。卡沙干油田原油品质优良,销售净回价高于哈萨克斯坦境内其他油田,产能提升将直接带动项目效益持续增长。[③]

据吉尔吉斯斯坦中大石油炼油项目负责人介绍,该项目给吉尔吉斯斯坦缴纳了大量的税收,解决了一定程度的

---

① 《中国将协助塔吉克斯坦新建一座铝厂,可提供一万多个就业岗位》,《塔国新观察》(周报)2018 年 3 月 15 日。

② 《中资企业"说到做到"》,《哈国新观察》(周报)2018 年 4 月 27 日。

③ 《中石油参股哈国里海水域卡沙干项目原油日产量突破 4 万吨》,《哈国新观察》(周报)2018 年 5 月 9 日。

就业。据测算，2018 年中大石油生产 60 万吨成品油，将向吉尔吉斯斯坦税务机构缴纳各类税收 5100 万美元。中大石油将成为吉尔吉斯斯坦数一数二的纳税大户。该项目达产后，每年完成税收不低于 7000 万美元，对吉尔吉斯斯坦经济来讲，举足轻重。

中国"亚洲天然气管道公司"（AGP）中亚天然气管道，是由中国石油主导建设、运营的连接中亚多国与中国的天然气管道。其中"哈萨克斯坦—中国"天然气主管道长 1310 公里，属于"土库曼斯坦—乌兹别克斯坦—哈萨克斯坦—中国"天然气管道的一部分，它由三个并行线组成。管道的起点是土库曼斯坦的油气田，终点是中国的南部省份。"哈萨克斯坦—中国"天然气主管道段在哈境内的路线穿过南哈州、江布尔州和阿拉木图州。2017 年，哈中天然气主管道运输量达 392 亿立方米，比 2016 年增长 10%。该公司 2017 年的净利润为 2700 亿坚戈（约合 8.24 亿美元），并支付 241.2 亿坚戈税金（约合 7362.4 万美元）。其中，205.1 亿坚戈为当地预算，36.1 亿坚戈为国家预算。①

据塔吉克斯坦阿维斯塔通讯社报道，"土库曼斯坦—中国"天然气管道铺设在塔境内段已于今年初开始实施。该天然气管道建设项目政府间协议于 2013 年 9 月签署。2014 年 3 月，塔吉克天然气公司和中石油集团签署协议，成立了

---

① 《中资企业"说到做到"》，《哈国新观察》（周报）2018 年 4 月 27 日。

天然气管道建设和运营合资公司——塔吉克天然气管道公司。塔境内管道铺设工程由中国石油天然气集团子公司负责。塔政府对该项目的兴趣在于税收和创造就业岗位，例如，合资公司 32 年的收入将达到 150 亿美元，塔方可以通过单一税收（不包括社会税）获得 12 亿美元的收入和 25 亿美元的股息收入。预计该天然气管道，每年可从土库曼斯坦向中国输送天然气 250—300 亿立方米。该项目的实施，也使中国对塔经济直接投资超过 30 亿美元。[①]

"中欧铁路货运班列"是连接中国与欧洲贸易运输的物流通道，是横穿中国、哈萨克斯坦、俄罗斯、白俄罗斯、波兰和德国等国，是世界上最长的轨道货运路线。铁路集装箱运输优势巨大：交货期只有 16 天，而海运集装箱货船要 45 天。同时，铁路运输的成本只有航空运输的 1/5。2015 年从中国向西发出的货运列车只有 545 列，到 2017 年已增至 2397 列。反之，由西方发往中国的列车两年前仅有 247 列，2017 年已增至 1276 列。[②] 该线路的中转站是中哈边境线上的霍尔果斯。由于中、哈两国的铁路轨距不同，因此，中欧班列到霍尔果斯后，必须换车。中欧班列过境哈萨克斯坦便可获得可观的收入。哈萨克斯坦前总统纳扎尔巴耶夫 2018 年 4 月 28 日在阿斯塔纳和平和谐宫举行的"第

---

① 中国驻塔使馆经参处提供的资料，《丝路新观察》（周报）2018 年 2 月 6 日。

② 《德国媒体刊文谈"一带一路"之霍尔果斯口岸》，《丝路新观察》（周报）2018 年 5 月 7 日。

26 届哈萨克斯坦民族和睦大会代表大会"上说:"未来,仅依靠过境货物运输,哈萨克斯坦即可获得 50 亿美元的收入,而我们的商品也将借机打入更广阔的市场。"①

由上可见,中亚哈萨克斯坦、吉尔吉斯斯坦和塔吉克斯坦等国的"一带一路"建设较为顺利,为这些国家带来了实惠,满足了当地人们的需求,加快了当地现代化建设发展进程。

结　语

综上所述,无论是古代丝绸之路,还是当代"一带一路"建设,都是共享共赢之路,是造福世界各国人民之路,是发展和繁荣人类文明之路。既不是要建立自己的地缘政治势力,也不是要建立"中国中心秩序",既不是"过剩产能倾销",更不可能使沿线国家"丧失国家主权"。

中亚地区的"一带一路"建设受到中亚各国的学者和官员的高度评价。吉尔吉斯斯坦战略分析家瓦伦丁·博加蒂耶夫认为:"一带一路"倡议要从"和平与合作的理念去理解""中国提出的'一带一路'主张符合所有人的利益"。"'一带一路'将为沿线国家打开一个新的世界。"他说:"吉尔吉斯斯坦已经错过了一次机会,中国与哈萨克斯

---

① 《哈国新观察》(周报)2018 年 4 月 29 日。

坦开通了铁路，每年有数百辆货运列车从中国始发，经过哈萨克斯坦，驶向欧洲，从此打开了中哈关系和贸易的新纪元。遗憾的是，这条铁路没有经过吉尔吉斯斯坦。"在他看来，"今天的中国已不仅仅是一个复制和引进技术的国家，中国在很多方面已经引领了世界潮流，代表了顶端的技术。因此，吉尔吉斯斯坦必须更加努力，以便使用这些资源和技术"①。吉尔吉斯斯坦前总统阿坦巴耶夫在他最后一次总统演讲中，提到了与中国的合作。他说："我们虽然没有赶上前面一趟'高速列车'，但我们必须提前发现和解决问题，争取赶上下一趟。"② 吉尔吉斯斯坦外交部前部长穆拉特别克·伊玛纳利耶夫说，"中国和吉尔吉斯斯坦的贸易额在近两年来一直保持增长的态势，两国在经济领域合作的发展势头良好"。毫无疑问，中国企业的投资极大地促进了吉尔吉斯斯坦经济的发展。③ 塔吉克斯坦前副总理、国家农业投资银行行长姆劳达力·阿利玛勒顿表示，"中泰塔吉克斯坦农业纺织产业园的纱线产量在塔吉克斯坦乃至整个中亚地区都首屈一指"。"如果要对中泰集团在塔吉克斯坦取得的成绩给予一个评价的话，我想一定高于 100 分。"④

---

① 《"一带一路"有助于搭建欧亚经济综合平台》，《丝路新观察》（周报）中文版 2018 年 1 月 24 日。

② 同上。

③ 《中吉智库专家谈新形势下中吉关系：打造"人类命运共同体"》，《丝路新观察》（周报）2018 年 5 月 9 日。

④ 《中国、塔吉克斯坦携手打造世界一流纺织园》，《丝路新观察》（周报）2018 年 5 月 9 日。

从中亚地区的"一带一路"建设来看，它与"人类命运共同体"的构建密不可分。中亚国家通过"一带一路"建设，现代化的基础设施日新月异，现代化、信息化和智能化的农业生产体系和工业生产体系蓬勃发展，现代化的高水平的科技人员队伍不断壮大，就业问题得到较好的解决，资源开发和输送使这些国家的财政收入大幅提高，人们生活得到极大的改善，大大缩小了与发达国家的差距。因此，"一带一路"建设既是共赢共享、共同走向现代化之路，也是构建"人类命运共同体"之路。可以说，"一带一路"建设与"人类命运共同体"建设成正相关，中亚地区"一带一路"合作建设较好的地区，"人类命运共同体"建设也较好，受到当地政府和人们的普遍欢迎和支持。

第 二 章

"一带一路"倡议:乌克兰
经济的投资基础

Rudenko Sergey Vasilevich[*]

截至 2018 年 1 月,乌克兰已与中华人民共和国建交 26 年。乌克兰与中国的双边关系具有战略伙伴关系的特点,体现了两国友好合作的悠久传统。

中国坚定支持乌克兰的欧洲一体化选择。中国领导人欢迎乌克兰参与中国国家主席习近平提出的"一带一路"倡议。[①]

六年多来,"一带一路"倡议已成为现实,赢得了国际社会的关注和支持。中东欧国家积极响应,中国已然成为

---

[*] Rudenko Sergey Vasilevich,科学博士,乌克兰国立敖德萨海事大学校长,中国社会科学院—乌克兰国立敖德萨海事大学中国研究中心理事长。

[①] Audyt zovnishn'oyi polityky:Ukrayina—Kytay:Dyskusiyna zapyska//Instytut svitovoyi polityky,2016. —Access mode:http://iwp. org. ua/ukr/public/1842. html.

中东欧地区最大的投资者之一。目前，已有100多个国家和国际组织对这一倡议作出积极响应，并做好准备支持这一伟大倡议。80多个国家与中国签署了"一带一路"合作协议。在"一带一路"沿线的20多个国家中，中国企业共设立了56个经贸合作区，投资超过185亿美元，创造就业岗位18万个。①

"一带一路"通过陆海交通网络，将亚洲、欧洲和非洲广大地区连接起来。鉴于此，"一带一路"强调建设主要基础设施，建立工业园区、港口经济区和港口物流网络等。其目标是加强各大区域之间的交流和互动，为投资创造条件，促进商品、服务、资本、技术和人员的有效交换和交流，以及促成新的发展功能。②

因此，中国寻求与不同国家建立多层次的关系，这就是我们常说的多边主义。为实现这一目标，中国正在同世界各国建立友好关系，不分大小和强弱，这一点在中华人民共和国的外交政策原则中也得到了充分体现。建立伙伴关系是平等的、共赢的、相互尊重的。

在签署并批准欧盟—乌克兰联合协议后，在协议的执行阶段，乌克兰将成为欧洲的"大门"。深度参与"一带一

---

① Chzhao Lei. K obschemu ponimaniyu//Kitay. Ezhemesyachnyiy zhurnal. # 05（139）2017. – s. 24 – 25.

② Chzhan Yunlin. Sotrudnichestvo novogo tipa. //Kitay. Ezhemesyachnyiy zhurnal. # 05（139）2017. – s. 26 – 29.

路"倡议,乌克兰将成为"丝绸之路上的重要通道",从而拥有一个全新的发展空间和广阔发展机遇,并将有机会在"一带一路"倡议下开发和实施乌中联合项目。

因此,乌克兰首先要做的就是确定其参与"一带一路"倡议的潜在动力,使之成为进一步发展对华关系的战略,并切实执行已经达成的各项协议和文件。

值得注意的是,作为乌克兰—中国政府间合作委员会于 2017 年 12 月举行的第三次会议的成果,乌克兰和中国已经签署了"丝绸之路经济带"倡议和"21 世纪海上丝绸之路"的路线图(行动计划)。

在谈到"一带一路"倡议时,中国前驻乌克兰大使杜伟指出,"没有乌克兰,就很难有这个项目"。他还指出,"自从与乌克兰建交以来,中国已向乌克兰累计投资 70 亿美元支持其经济发展"[①]。

"一带一路"为乌克兰参与此项目提供了新的前景,包括在以下领域进一步发展乌中关系:

1. 投资项目;

2. 开发交通基础设施、交通走廊;

3. 农业;

4. 建立工业园区和技术开发区;

---

① "Ukraina i Kitay soglasovali plan deystviy po 'Shelkovomu puti'", http：//cfts. org. ua/news/2017/12/05/.

5. 科学和军事技术合作；

6. 教育和科学领域的合作；

7. 人道主义和文化方面的合作；

8. 旅游业。

乌克兰可以成为促进中国商品和品牌进入欧洲市场，并建立战略性重要合作伙伴的通道。

就贸易额而言，乌克兰是中国在独联体国家的第三大贸易伙伴国（仅次于俄罗斯和哈萨克斯坦）。中国在乌克兰的亚太地区贸易伙伴中排名第一。中国具有巨大的投资潜力，拥有世界上最大的黄金和外汇储备。中国还是世界第五大出口投资国。因此，乌克兰应尽一切努力加入"一带一路"倡议，吸引中国企业投资，建立更紧密的学中关系。

乌克兰的优势是可以通过乌克兰的相关港口为中国和欧洲双向运送货物。

现在，乌克兰在"一带一路"项目中主要作为运输和物流枢纽。在波罗的海诸国、维谢格拉德四国、罗马尼亚、保加利亚、白俄罗斯和格鲁吉亚等国家的参与下，乌克兰有望成为黑海—波罗的海地区建设"一带一路"的重要节点。

因此，乌克兰正在建设一条新的丝绸之路，即乌克兰—格鲁吉亚—阿塞拜疆—哈萨克斯坦丝绸之路，以及一条从欧盟经乌克兰到中国的线路。乌克兰铁路公司，格鲁吉亚铁路公司和阿塞拜疆铁路公司于 2017 年 9 月 8 日签署了一份关于共同运营永久铁路—轮渡服务方面的合作备忘录，以发展欧盟—乌克兰—黑海—格鲁吉亚—阿塞拜疆—里海—亚洲沿线国家的货运交通。各方拟成立一家合资企业，经营黑海铁路—轮渡业务，并组织整个中欧班列的货物运输。[①] 中国最大的公司之一——中国华信能源有限公司（CEFC）将投资 1.5 亿美元在格鲁吉亚港口城市波季开发自由工业区，以便在"一带一路"倡议框架下推动丝绸之路的建设。在敖德萨签署的备忘录表明，乌克兰正在采取实际行动，以便加入"一带一路"倡议并协助落实该倡议。[②]

此外，依托跨里海铁路运输走廊，波兰正计划通过乌克兰向中国出口铜。波兰基础设施部长安杰依·阿达姆奇克在波兰热舒夫举行的欧洲—乌克兰论坛上宣布了这一消息。阿达姆奇克表示："凭借跨里海铁路运输走廊，我们可以实现将铜矿从 KGHM（波兰铜矿厂）运送到中国。我们预计，不久将有火车从乌克兰出发，通过轮渡跨越格鲁吉亚、阿塞拜疆和哈萨克斯坦到达中国。"他补充说，"波兰还希望建设格敖高速公路项目（格但斯克—敖德萨高速公路），从而实现从中国到欧洲和从欧洲到中国的安全的、可

---

① "Omelyan anonsiroval zapusk konteynernogo poyezda YES-Kitay cherez Ukrainu do kontsa 2017 goda"/http：//cfts. org. ua/news/2017/12/29/.

② "CEFCvlozhit 150 mln dollarov v razvitiye industrial'noy zony v gruzinskom portu Poti"/http：//cfts. org. ua/news/2017/12/29/.

稳定的和便捷的货物运输"。这表明欧盟国家在"一带一路"倡议框架下对乌克兰交通运输潜力的认可。[1]

需要指出的是，2017 年中方已经批准了从郑州出发、过境乌克兰，到达斯洛伐克、波兰和匈牙利的列车路线。下一阶段将开始向中国出口乌克兰商品。

粮食合作是乌中合作的重要方面。乌克兰是传统农业大国农业产业潜力与中国的投资和技术能力相结合。乌克兰与中国的互利合作将为确保世界粮食安全做出重大贡献，使其在国际粮食市场的地位举足轻重。

目前，中国在乌克兰农业出口区域结构中稳居前十，是乌克兰在贸易以及合作和投资项目方面的战略伙伴之一。与此同时，两国农业领域存在许多有前景的双边合作项目，比如科技合作、智能农业和创新 IT 解决方案、基础设施和物流、绿色能源、在乌克兰境内建立植物保护产品生产厂和化肥厂等领域。出口到亚太地区的粮食占乌克兰商品出口总量的 13% 左右，得益于中国市场的发展，这一数字有望翻番。[2]

根据 2016 年的监测结果，乌克兰对华农产品出口额总计达 10.25 亿美元。主要出口商品：油类 5.271 亿美元，粮

---

① "Pol'sha khochet transportirovat' med' cherez Ukrainu i Transkaspiyskiy koridor v Kitay" /http://cfts.org.ua/news/2018/03/13/.

② Audyt zovnishn'oyi polityky：Ukrayina—Kytay：Dyskusiyna zapyska//Instytut svitovoyi polityky, 2016.—Access mode：http://iwp.org.ua/ukr/public/1842.html.

食 4.641 亿美元,面粉和谷物制品 1683.3 万美元,油籽 363 万美元,奶酪和酸奶 210 万美元,糖果产品 190 万美元。同期进口总额为 1.052 亿美元。

2017 年上半年,乌克兰出口总额为 4.34554 亿美元。出口商品包括:谷类食品 1.829 亿美元,奶酪和酸奶 680 万美元。进口总额为 5397.2 万美元。进口商品包括:咖啡和茶 480 万美元,鱼类 620 万美元,动物源性食品 280 万美元,鱼罐头 710 万美元等。[①]

如果我们分析一下中国对乌克兰经济投资的现状,可以根据投资领域对其进行如下分类:

1. 对基础设施项目(港口、道路、桥梁)的投资;

2. 对能源领域的投资;

3. 对采掘工业的投资;

4. 对航空和汽车行业的投资。

相关投资案例列举如下。

中国港湾工程有限责任公司(CHEC)自 2017 年 5 月以来一直在乌克兰南方内港开展两个独立的疏浚项目。第一个项目已提前三个月成功完成。这家中国公司已将未来泊位水域的深度从 0.5—6 米增加到 16 米。中国港湾工程有

① Ol'ha Trofimtseva. Ukrayina ta Kytay zatsikavleni u rozshyrenni torhovel'no-investytsiynoho spivro-bitnytstva v ahrarniy haluzi. /http: //minagro. gov. ua/node/24528.

限责任公司成功中标切尔诺莫斯克海港疏浚项目。①

对乌克兰交通基础设施的投资还包括基辅大环线道路和乌克兰首都地铁四号线的建设。中国路桥工程有限责任公司（CRBC）将参与环线道路的建设，中铁国际集团有限公司和中国太平洋建设集团将联合参与地铁的建设。地铁建设合同规定成立一个由乌克兰和中国专家组成的工作组，为该项目的实施制定最佳的技术和资金解决方案。新建地铁线路的成本预计为20亿美元，而该项目预计成本的85%将由中国金融机构贷款担保。②

2017年10月10日，乌克兰国家公路局（Ukravtodor）与中国新疆交通建设集团股份有限公司就斯特瑞—特诺皮尔—克罗皮夫尼茨基—兹纳曼卡公路路段的大修签订了一份合同。工程将由国际复兴开发银行提供资金支持。③

在港口和物流领域，中粮集团有限公司于2016年在尼古拉耶夫商业海港开工建设一个年吞吐量为250万吨的粮食和油籽货运码头，现已经正常运营。中粮集团有限公司在尼古拉耶夫海港建设的转运码头就是这一综合项目的实例。随着码头的投入运营，转运量将增加250万吨，而该港口可

---

①　"Kitayskaya CHEC zainteresovana v dnouglublenii drugikh ukrainskikh portov"／http：／／cfts．org．ua/news/2018/01/30/．

②　"V KGGAanonsirovali nachalo stroitel'stva novoy okruzhnoy dorogi stolitsy v 2018 godu"／／http：／／cfts．org．ua/news/2017/11/22/．

③　"Kitaytsy dostroyat trassu Kiyev-Dovzhanskiy za neradivymi ital'yantsami-podpisan dogovor"／／http：／／cfts．org．ua/news/2017/10/10/．

能成为"一带一路"项目最重要的组成部分之一。中粮集团有限公司在该项目中的投资总额为 7500 万美元。

在能源投资领域,中国建材集团有限公司(CNBM)在乌克兰的尼古拉耶夫和敖德萨地区拥有十座最大的太阳能发电厂,其装机容量为 267 兆瓦,比乌克兰太阳能发电厂的总装机容量高出 60%。该公司的投资总额约为 10 亿美元。自 2011 年以来,该公司一直在乌克兰的能源市场积极运营,是乌克兰可再生能源市场实力最强的参与者之一。在全球市场上,中建国际是《财富》世界五百强企业。总的来说,中国建材集团有限公司准备向乌克兰能源领域投资 20 亿美元,并在乌克兰能源与煤炭工业部长伊戈尔·纳萨利克和中建国际董事会主席于 2016 年年底签署的能源领域合作备忘录中正式确定。[①]

在矿业投资领域,2017 年 10 月 29 日,一列载有新疆贝肯能源工程股份有限公司制造的钻井设备的列车从中国出发,驶往波尔塔瓦。《乌克兰港口》杂志援引新华社的报道称:"周日,中欧铁路集装箱运输路线又增加了一条,满载石油设备的火车从乌鲁木齐开往波尔塔瓦,这是从新疆开往乌克兰的第一列火车。"2017 年 9 月,PJSC Ukrgaz-vydobuvannya 公司与新疆贝肯能源工程股份有限公司签订了在乌克兰波尔塔瓦和哈尔科夫地区 24 口新井钻井施工合同。

---

① "Kitayskiye investitsii v Ukraine: schitayem na pal'tsakh" – zerkalo. mk. ua.

合同总金额为 19.34 亿格里夫纳（乌克兰货币）。[①]

乌中两国在汽车产业的合作前景一片大好。乌克兰汽车生产商协会（Ukravtoprom）、车载信息服务产业应用联盟（TIAA）和乌克兰之家（the Ukrainian House，乌克兰的一家国际会展中心）在北京签署了合作备忘录。各方计划建立一个合作中心，借此寻找和购买产品、技术和软件，吸引中国资本进入乌克兰汽车行业。此外，相关方还计划开展乌克兰公司、大学和研究机构同中国工业和投资组织的合作等，以便建立联合技术中心和实验室。签署备忘录是乌克兰和中国在开发车联网（IOV）和车载信息技术方面进行联合行动的第一步。车联网致力于在汽车中引入先进的IT技术。如今，几乎所有先进的汽车品牌，在某种程度上都在开发车联网，将最先进的科学技术应用到它们的汽车上。[②]

经验表明，中国对综合项目感兴趣。例如，建设港口、铁路或公路，发展多个区段的铁路网等。乌克兰缺乏这种综合解决方案。

乌克兰和中国需要通过产业合作，并建立产业园区和技术开发区等方式，制定两国间中长期合作规划。通过与

[①] "Iz Urumchi v Poltavu idet pervyy poyezd s kitayskim burovym oborudovaniyem" /http：//cfts. org. ua/news/2017/10/30/.

[②] "Vukrainskiy avtoprom budut privlekat' kitayskiy kapital" /http：//cfts. org. ua/news/2017/09/22/.

中国联合生产高科技产品,乌克兰将在世界市场上占有一席之地。这对乌中关系来说尤为重要,特别是在实施"一带一路"倡议的背景下。

第三章

全球治理体系变革背景下"一带一路"倡议的重大发展意义

马 峰[*]

2019 年习近平主席首次出访前往欧洲访问，开启 2019 年大国外交新格局。"一带一路"倡议成为访问的重要议题。中国与意大利签署合作共建"一带一路"谅解备忘录，成为 G7 成员首个签署谅解备忘录，对接"一带一路"倡议的国家，实现了古代丝绸之路从"长安"到罗马连接在今天的再次相聚。习近平主席表示："中国和意大利分处古丝绸之路两端，开展'一带一路'合作天经地义。我们秉持的是共商、共建、共享，遵循的是开放、透明原则，实现的是合作共赢。中意要以签署政府间'一带一路'合作谅解备忘录为契机，加强'一带一路'倡议同意大利'北方

---

* 马峰，博士、博士后，中国社会科学院社会发展战略研究院助理研究员。

港口建设'、'投资意大利计划'对接，推进各领域互利合作。"①

意大利总理孔特在与习近平主席会谈时表示："意大利在互联互通建设方面有着特殊地理优势，我们很高兴抓住历史机遇，参加共建'一带一路'，坚信这将有助于充分挖掘意中合作潜力。我期待着出席第二届'一带一路'国际合作高峰论坛。"②

随后，习近平主席在巴黎与法国总统、德国总理的会见中，两个主要欧洲大国的领导，也对"一带一路"倡议释放积极信号。

法国总统马克龙表示："法方愿积极参加第二届'一带一路'国际合作高峰论坛和第二届中国国际进口博览会。"③

德国总理默克尔表示："德方希望深化数字化时代的德中经贸关系，愿积极参加第二届'一带一路'国际合作高峰论坛。德方期待着充分利用好中国扩大开放带来的市场机遇，也将为中国企业赴德投资兴业提供公正、良好的市场环境。"④

习近平主席在会见法国总统马克龙时表示："我们赞赏

①《习近平同意大利总理孔特举行会谈》，外交部，https：//www.fmprc.gov.cn/web/ziliao_674904/zt_674979/dnzt_674981/xzzxt/xjpdydlmf_696323/zxxxydlmngfg_696325/t1647835.shtm。

②同上。

③《习近平同法国总统马克龙会谈》，外交部，https：//www.fmprc.gov.cn/web/ziliao_674904/zt_674979/dnzt_674981/xzzxt/xjpdydlmf_696323/zxxxydlmngfg_696325/t1648266.shtml。

④《习近平会见德国总理默克尔》，外交部，https：//www.fmprc.gov.cn/web/zyxw/t1648509.shtml。

总统先生多次表达同中方开展'一带一路'务实合作的意愿，双方要落实好'一带一路'第三方市场合作示范项目。要为双边贸易与投资提供更多支持和便利。"①

习近平主席在会见德国总理默克尔时表示："'一带一路'倡议有助于促进国际经济合作，推动构建开放型世界经济。"②

"全球热点问题此起彼伏、持续不断，气候变化、网络安全、难民危机等非传统安全威胁持续蔓延，保护主义、单边主义抬头，全球治理体系和多边机制受到冲击。我们要坚持共商共建共享的全球治理观，坚持全球事务由各国人民商量着办，积极推进全球治理规则民主化。"③"一带一路"倡议顺应了时代发展之需、全球治理变革之要。在大变革、大动荡的时代背景下，从丝路之源，到丝路之终，加强经济合作、共建开放共赢的多边全球治理体制，积极参与"一带一路"建设，为经济发展寻找通路，成为跨越欧亚大陆的共同心声，成为构建共商共建共享全球治理观的重要抓手。

---

① 《习近平同法国总统马克龙会谈》，外交部，https：//www.fmprc.gov.cn/web/ziliao_674904/zt_674979/dnzt_674981/xzxzt/xjpdydlmf_696323/zxxxydlmngfg_696325/t1648266.shtml。
② 《习近平会见德国总理默克尔》，外交部，https：//www.fmprc.gov.cn/web/zyxw/t1648509.shtm。
③ 习近平：《为建设更加美好的地球家园贡献智慧和力量——在中法全球治理论坛闭幕式上的讲话》，新华网，http：//www.xinhuanet.com/world/2019－03/26/c_1124286585.htm。

一　"一带一路":百年未有之变局全球治理体系变革之需

习近平总书记在推进"一带一路"建设工作5周年座谈会并发表重要讲话强调:"共建'一带一路'顺应了全球治理体系变革的内在要求,彰显了同舟共济、权责共担的命运共同体意识,为完善全球治理体系变革提供了新思路新方案。我们要坚持对话协商、共建共享、合作共赢、交流互鉴,同沿线国家谋求合作的最大公约数,推动各国加强政治互信、经济互融、人文互通,一步一个脚印推进实施,一点一滴抓出成果,推动共建'一带一路'走深走实,造福沿线国家人民,推动构建人类命运共同体。"①

当前世界发展面临百年未有之变局。实际上,面对时代发展大潮和时代发展趋势,百年前与百年后的发展比较,时代发展的新特征、新特点,让我们清楚地看到:百年未有之大变局,是以金砖国家为代表的新兴市场、发展中国家日益走近世界舞台中央,参与塑造国际规则,推进全球治理体系变革,摆脱长期处于规则制定和话语权边缘化的

---

① 《习近平:推动共建"一带一路"走深走实造福人民》,新华网,http://www.xinhuanet.com/politics/leaders/2018-08/27/c_1123336562.htm。

变局；是人类命运更加紧密相连，国际力量对比更加均衡的变局；是新机遇与挑战并存，人类走到十字路口，是合作还是对抗？是开放还是封闭？是互利共赢还是零和博弈？人类社会下一步往何处去的变局；是中华民族摆脱近代百年屈辱命运，经历站起来、富起来，走向强起来迎接民族复兴曙光美好未来的变局；是第四次工业革命崛起人类发展面临新的重大社会发展与价值观重构的变局。

全球治理体系的完善与变革既面临新的挑战，也面临新的机遇。多边主义、多边规则、多边机制受到侵袭，以规则为基础的国际关系准则受到动摇。从涉及人类命运前途、生存与未来的气候变化，到涉及全球战略平衡的军备控制；从涉及人道主义的难民危机，到涉及全球经济的贸易问题；从涉及全球大国关系的基本准则和相处之道，到多边组织的改革与完善。2008年金融危机过去十年后，全球治理体系面临新的变局。一方面，美国要以"美国优先"重塑第二次世界大战以来，特别是冷战结束以来的国际关系体系，形成新的以美国为中心的全球治理体系，这个体系旨在巩固和稳固日渐衰落的美国霸权，重新确立美国领导世界的能力。退出一系列体系和协议，要求盟国承担更多的责任，减少国际公共产品的供给，是美国国家利己主义的体现。另一方面，美国退出留下的"空白"需要填补，机制需要继续维系，这样才能让多边机制继续维持、运转下去，否则会造成"塌陷"效应。全球治理体系将会从

"治理赤字"转到"治理失能",全球治理有重新回到列国争强,谁的胳膊粗,谁的力气大,谁说了算的时代的风险。百年前、百年后的世界发展之变局,有着根本的不同,但是也要看到危中有机、变中有机,人类社会的发展再一次走到了十字路口。走到了全球治理体系是单边还是多边,是一维还是多维,是一元还是多元的拉扯时代。

"一带一路"倡议是开放的、是合作的、是互利共赢的,它是走到十字路口的人类社会,走向远方的一条通途,它没有地缘政治的把戏,也没有损人利己的图谋,而是真正连接各国,沟通世界的重要发展倡议。习近平主席指出:"我要强调的是,共建'一带一路'是开放的合作平台,秉持的是共商共建共享的基本原则,没有地缘政治目的,不针对谁也不排除谁,不会关起门来搞小圈子,不是有人说的这样那样的所谓'陷阱',而是中国同世界共享机遇、共谋发展的阳光大道。"①

二 "一带一路":顺应全球治理体系变革的国际责任

责任是这个时代大国应有的担当,更是联合国五个

---

① 习近平:《同舟共济创造美好未来——在亚太经合组织工商领导人峰会上的主旨演讲》,新华网,http://www.xinhuanet.com/politics/leaders/2018-11/17/c_1123728402.htm。

安理会常任理事国的担当。安理会"五常"承担着全球治理更大的责任和担当。2019 年习近平主席首次出访，在法国就全球治理发表了重要讲话。中法两个具有独立精神和担当精神的大国，共同发表了《中华人民共和国和法兰西共和国关于共同维护多边主义、完善全球治理的联合声明》，这个声明和中法在维护全球多边体系的努力，便是对国际社会的担当，对人类发展和全球治理体系的国际责任，也是联合国安理会常任理事国理应承担的国际责任，而不是让别人承担责任，而自己不承担责任的责任。

中国作为一个发展中的大国，更是全球最大的发展中国家，在自身承担巨大发展任务的同时，也努力承担与自身能力相匹配的国际责任，从不逃避。

习近平主席在中法全球治理论坛闭幕式上发表的《为建设更加美好的地球家园贡献智慧和力量》讲话，深刻地指出："面对严峻的全球性挑战，面对人类发展在十字路口何去何从的抉择，各国应该有以天下为己任的担当精神，积极做行动派、不做观望者，共同努力把人类前途命运掌握在自己手中。"[1]

中国积极参与维护全球战略平衡，积极参与推动达成

---

① 习近平：《为建设更加美好的地球家园贡献智慧和力量——在中法全球治理论坛闭幕式上的讲话》，新华网，http://www.xinhuanet.com/world/2019－03／26/c_1124286585.htm。

气候变化《巴黎协定》，积极参与联合国维和行动，积极参与维护多边规则，维护伊朗核协议机制，推动朝鲜半岛问题解决并发挥建设性作用，进一步扩大开放，为全球经济发展提供稳定的力量。中国的作用、中国的责任，透过国际社会共同携手构建人类命运共同体，共同构建新型国际关系而不断取得新的成绩。"一带一路"是中国古代丝路精神在今天的传承，更是自古以来丝路沿线人民交流、融通、友谊、合作精神的传承。

"一带一路"倡议一经提出就受到沿线国家和人民的欢迎，因为它是友谊之路，不是地缘政治的算计，更不是"冷战"思维划分势力范围的计划；它是合作之路，不是排他之路，更不是小圈子之路；它是共赢之路，不是单向之路，更不是谁的自拉自唱，而是互利共赢、多赢的大合唱。沿线国家是古丝绸之路的受益者，更是今天"一带一路"互利共赢的受益者。"一带一路"倡议为后危机时代，处于不确定的世界，处于寻找出路的世界各国，提供了一条确定的通路，提供了一条可供选择，互联互通、共商共建、和平繁荣的发展之路，是逆全球化时代的全球化公共产品。这是中国奉献给世界最好的责任和礼物，习近平主席指出："2013 年秋天，我们提出共建'一带一路'倡议以来，引起越来越多国家热烈响应，共建'一带一路'正在成为我国参与全球开放合作、改善全球经济治理体系、促进全球共同发展繁荣、推动构建人类命运共同体的中国方案。"①

"一带一路"倡议提出六年来，得到国际社会积极支持和热烈响应。目前已有 124 个国家和 29 个国际组织同中方签署了"一带一路"合作文件。"一带一路"倡议体现了中国的国际担当，是与世界各国发展倡议对接的发展倡议和建设方案。可以说，"一带一路"走的是对话而不对抗、结伴而不结盟、互学互鉴的国与国交往新路，支持多边贸易体制，推动经济全球化朝着更加开放、包容、普惠、平衡、共赢的方向发展。"共建'一带一路'带动全球互联互通不断加强。我们倡导的共商共建共享原则，以及政策沟通、设施联通、贸易畅通、资金融通、民心相通的'五通'理念，有力促进了全球互联互通合作。在共建'一带一路'框架内，以'六廊六路多国多港'合作为主线的硬联通国际合作不断深入，包括政策和规则标准对接在内的软联通合作不断加强。"②

当今世界，无论大国、强国、富国，还是小国、弱国、穷国，都承担着全球发展的责任，都担负着人类命运的发展前途。对人类长远未来，各国都承担着一份责任。大国、

---

① 《习近平：推动共建"一带一路"走深走实造福人民》，新华网，http://www.xinhua-net.com/politics/leaders/2018－08/27/c_1123336562.htm。

② 《杨洁篪谈共建"一带一路"和第二届"一带一路"国际合作高峰论坛筹备工作》，新华网，http://www.xinhuanet.com/politics/2019－03/30/c_1124305207.htm。

强国、富国承担的责任，发达国家承担的道义责任要更大一些。大国关系事关全球战略稳定，大国肩上都承担着特殊责任。

百年未有之变局，给现有国际体系和全球治理体系提出了新的发展要求。国际公共产品供给能力不足，主要大国走向单边主义，主要发达国家放弃国际责任与义务，国内陷入民粹主义的纷扰，给世界的发展增加了更多的不确定性、不稳定性。参与"一带一路"建设的国家，共同构建起了一个新全球化的网络，在逆全球化的时代，构筑起了"防波堤"和"避风港"，搭建起多边主义、多边合作、多边共担发展责任的新平台。可以说，"中国提出'一带一路'倡议，是对多边主义和国际合作的重要贡献。5年多以来，中国同各国秉持共商共建共享理念，探索合作思路，创新合作模式，丰富了新形势下多边主义的实践"①。

这是共同的国际道义与责任，联通世界、联通民心，发展更多的是为了人民的幸福，坚持以人民为中心的发展，是这个时代发展最应该坚持的底色和治理的底色。习近平主席在会见联合国秘书长时指出："国际形势近年来有了新的发展和变化。国际上的问题林林总总，归结起来就是要解决好治理体系和治理能力的问题。我们需要不断推进和

---

① 《习近平会见"元老会"代表团》，新华网，http://www.xinhuanet.com/politics/leaders/2019 - 04/01/c_1124312963.htm。

完善全球治理，应对好这一挑战。"不论是国内治理、还是全球治理，都要以人民的获得为目标，要不断为民众提供信心和稳定预期。"①

"一带一路"倡议源自中国，但是成果属于世界。其所承担的最大责任是人民的发展责任，让各国人民通过合作携手发展，摆脱贫困的责任，更是促进各国治理更新，对接治理能力的责任，在这个最需要关爱人民的时代，"一带一路"倡议是沿线各国共同合作，惠及各国人民的杰作，也是提供可持续全球治理能力的责任之作。"中国是一个发展中大国，但我们不回避应尽的国际责任。中国谋求合作共赢，在实现自身发展的同时帮助广大发展中国家谋求共同进步。"②

三　"一带一路"："朋友圈"越做越大、新全球治理观越走越实

2019年4月第二届"一带一路"国际合作高峰论坛在北京举行，高峰论坛在谋划"一带一路"建设新蓝图，共商"一带一路"建设新愿景。以"一带一路"倡议为平台，

---

① 《习近平会见联合国秘书长古特雷斯》，新华社，http：//www.xinhuanet.com/politics/2018－04/08/c_1122651110.htm。

② 《习近平会见"元老会"代表团》，新华网，http：//www.xinhuanet.com/politics/leaders/2019－04/01/c_1124312963.htm。

各种区域与次区域合作框架成为区域发展与全球联动的新机制，为发达国家和地区再工业化、基础设施再更新提供了源头活水，为发展中国家和地区带去了发展的新动能和渴求已久的基础设施。"一带"与"一路"交相辉映，朋友越聚越多，道路越拓越宽，人类命运共同体的理念越来越深入人心。"'一带一路'倡议是习近平主席统筹国内国际两个大局提出的重大国际合作倡议，是重要的理论创新、实践创新，具有十分重要而深远的意义。"[①]

此外，为推动"一带一路"倡议深入发展，加强"一带一路"，做大"朋友圈"，李克强总理对欧洲的访问，是李克强总理今年首次出访，也是继习近平主席 2019 年 3 月下旬对意大利、摩纳哥和法国成功进行国事访问之后，中欧之间又一次重要高层交往，体现了中国外交对欧洲方向的高度重视。外交部副部长王超表示："中欧在深化互利共赢的务实合作方面拥有广泛的共同利益，在维护多边主义和自由贸易等方面拥有共同立场，在完善全球治理、维护世界和平稳定方面拥有共同目标。"阿拉伯国家联盟秘书长盖特认为："历史上连接东西方的'丝绸之路'为世界现代化做出不可磨灭的贡献，而当下中国提出的'一带一路'倡议则具有重塑世界的潜力。""'一带一路'倡议，不仅仅

①《杨洁篪谈共建"一带一路"和第二届"一带一路"国际合作高峰论坛筹备工作》，新华网，http://www.xinhuanet.com/politics/2019-03-30/c_1124305207.htm。

是一个极富活力的经济计划，也是对一个中断了数个世纪的历史进程的恢复。这个进程不仅根植于经济合作，也致力于增进文化交流和政治互信。"①

"一带一路"是多边主义、多边治理的倡议。当前单边主义的冲击让许多国家都感到压力和担忧。但是，国际社会支持多边主义的声音仍然是主导力量。"独行快，众行远。"多边是"众行"之路，"一带一路"倡议实施以来，实实在在造福沿线人民，带去了就业、光明、道路、合作，带去了有商有量的机制，带去了平等、尊重、真诚的诚意。推动多边主义，维护多边主义是全球治理体系完善和稳定的基石，"一带一路"倡议是中国为推动国际合作、促进共同发展提供的国际公共产品，是携手构建人类命运共同体的重要路径。②

"一带一路"是破解全球治理赤字的倡议。治理难题是当今世界各国发展共同面临的时代发展课题，既有各自国内的治理难题，也有全球发展的治理难题。国内治理与全球治理构成了一个连续的循环的过程，有的国家在国家治理、社会治理层面面临严重的治理赤字，国内陷入精英与大众、不同利益群体的利益纷争，治理能力弱化，导致社

---

① 《阿盟秘书长："一带一路"具有重塑世界的潜力》，新华网，http://www.xinhuanet.com/world/2018 – 07/09/c_1123100693.htm。

② 杨洁篪：《倡导国际合作，维护多边主义，推动构建人类命运共同体——在第55届慕尼黑安全会议上的主旨演讲》，新华网，http://www.xinhuanet.com/world/2019 – 02/17/c_1124124350.htm。

会处于分裂状态，国家治理处于治理失能的边缘，这种状态还延伸到国际关系层面，各自国家寻找脱困的路径成为国家治理当局的首务。一条是走向封闭、单边，坚持国家利己主义的脱困之路，从目前的发展形势看，这条路不但解决了国内的政治分裂、社会分裂，阶级对抗，而且导致全球治理格局深刻调整，面临更大的不确定性、不稳定性，全球战略平衡，主要大国之间的关系比"冷战"时期，还要紧张，甚至"冷战"时期没有出现的大国关系，在今天成为国际关系的现实。

另一条是走开放、多边的全球化发展之路。以合作破解治理赤字，以全球化的多边主义，更加紧密的全球关系，促进各国发展，实现各自国家国内治理与全球治理的联通，共同协作改革不平衡的全球化发展趋势，完善多边机制，打通发展的新通道，维系全球战略的稳定、平衡，为世界提供更多发展所需的国际公共产品。而"一带一路"倡议顺应了时代发展和人心所向，是中国立足自身，面向世界，针对世界发展大势，提出的破解全球治理赤字，落实人类命运共同体思想的中国"药方"和中国方案。它坚持公正合理，破解治理赤字，坚持互利共赢，破解发展赤字。

"一带一路"是新全球化时代的发展倡议。习近平主席指出："经济全球化是推动世界经济增长的引擎。当前，逆全球化思潮正在发酵，保护主义的负面效应日益显现，收入分配不平等、发展空间不平衡已成为全球经济治理面临的最突出问题。我们要坚持创新驱动，打造富有活力的增长模式；坚持协同联动，打造开放共赢的合作模式；坚持公平包容，打造平衡普惠的发展模式，让世界各国人民共享经济全球化发展成果。中国支持对世界贸易组织进行必要的改革，更好建设开放型世界经济，维护多边贸易体制，引导经济全球化更加健康发展。'一带一路'倡议丰富了国际经济合作理念和多边主义内涵，为促进世界经济增长、实现共同发展提供了重要途径。我们欢迎包括法国在内的世界各国积极参与到共建'一带一路'中来。"① 既有的全球化发展模式，确实存在发展的弊端，从规则的制定，到国际产业分工体系，再到大型跨国企业主导的国际市场对国际资源的配置，引发的全球化在世界市场和有关国家内部收入分配体系的不平衡、不均衡、不平等问题是导致逆全球化民粹主义兴起和有关国家长期动荡的直接诱因。和平与发展是时代的主题，更是各国普通民众的呼声，各国有责任提出、对接发展倡议，破解全球化发展不平衡、不平等问题，走包容发展的新全球化发展之路。"一带一路"是新全球化时代的重大发展倡议，聚焦发展问题，这个不同国家、不同文明关注的重大问题、民心问题。"一带一

---

① 习近平：《为建设更加美好的地球家园贡献智慧和力量——在中法全球治理论坛闭幕式上的讲话》，新华网，http://www.xinhuanet.com/world/2019－03/26/c_1124286585.htm。

路"的建设与发展，将携手各国更加均衡全球市场资源配置，让全球化的发展更加均衡，全球化的规则更加完善，全球治理的机制更加健全，以联合国为核心、基础的全球治理体系将得到加强。关于"一带一路"倡议，也有别的声音。杨洁篪在接受采访时指出："我们也注意到，国际上有些关于'一带一路'倡议的不同声音，认为这是中国的地缘政治工具、可能给有关国家制造债务陷阱等。这显然是对'一带一路'倡议缺乏客观、公正认识，属于误解、误判甚至是偏见。我们已经多次对外强调，'一带一路'是经济合作倡议，目的是支持各国共同发展，大家都是平等的参与者、贡献者、受益者。'一带一路'是开放的、包容的、透明的，不打地缘博弈小算盘，不搞封闭排他小圈子，不做凌驾于人的强买强卖。"①

《中华人民共和国和法兰西共和国关于共同维护多边主义、完善全球治理的联合声明》表明："两国支持中国和欧盟为促进中国'一带一路'倡议同欧盟欧亚互联互通战略等互联互通倡议对接所做工作。两国愿在中欧互联互通平台框架内加强交流。"②

---

① 《杨洁篪谈共建"一带一路"和第二届"一带一路"国际合作高峰论坛筹备工作》，新华网，http：//www.xinhuanet.com/politics/2019-03-30/c_1124305207.htm。
② 《中华人民共和国和法兰西共和国关于共同维护多边主义、完善全球治理的联合声明》，新华网，http：//www.xinhuanet.com/world/2019-03-26/c_1124286419.htm。

四　"一带一路"：实现人类命运共同体的重要途径

"经过近 6 年的不懈努力，'一带一路'已完成了夯基垒台、立柱架梁的阶段，转入落地生根、开花结果的全面推进阶段，面临着重大合作机遇。机遇来自于'一带一路'的国际影响力、道义感召力、合作吸引力不断释放。在国际上保护主义、单边主义抬头的大背景下，各方普遍认同'一带一路'共商共建共享理念，对'一带一路'的支持是主流，合作是主基调，机遇论是主旋律。"①

大国小国，强国弱国，发达国家发展中国家都是国际社会平等的一员。任何国家都是国际事务平等的一员，都有对涉及人类命运发展事务的发言权和话语权，重点是要树立新全球化观、新安全观、新发展观。"推动建设新型国际关系、构建人类命运共同体是习近平外交思想的重要内容。共建'一带一路'坚持相互尊重、平等协商、开放包容、互利共赢，坚持共商共建共享的全球治理观，积极推动全球互联互通，体现了构建人类命运共同体和建设新型国际关系的深刻内涵。共建'一带一路'走的是对话而不

---

① 《杨洁篪谈共建"一带一路"和第二届"一带一路"国际合作高峰论坛筹备工作》，新华网，http://www.xinhuanet.com/politics/2019-03-30/c_1124305207.htm。

对抗、结伴而不结盟、互学互鉴的国与国交往新路，支持多边贸易体制，推动经济全球化朝着更加开放、包容、普惠、平衡、共赢的方向发展，是构建人类命运共同体和建设新型国际关系的重要实践平台。"[①]

首先要树立新全球观。和平与发展是世界各国人民的共同心声，冷战思维、零和博弈愈发陈旧落伍，妄自尊大或独善其身只能四处碰壁。只有坚持和平发展、携手合作，才能真正实现共赢、多赢。推动构建新型国际关系，要将全球视作统一的命运共同体，在经济全球化发展的今天，谁也离不开谁。躲在屋子里，看似获取利益，形式上是安全了，但实际上也隔绝了阳光和空气，对别人关上门也就挡住了自己的路。全球化的海洋不是想躲就能躲得了的，以邻为壑终究是逆潮流而动的。不管喜不喜欢，不管在不在意，全球化的海洋总是在眼前。世界经济的大海，你要还是不要，都在那儿，是回避不了的。下海需要勇气，赶海需要智慧，中国奉献给世界重要的中国智慧是实现国际关系的公平正义，以全人类的利益凝结发展的世界海洋。

其次要树立新安全观。新安全观必须是共同、综合、合作、可持续的。以牺牲他人的安全关切和安全利益为代价，片面追求自身的绝对安全，是不会带来持久和平和共

---

① 《杨洁篪谈共建"一带一路"和第二届"一带一路"国际合作高峰论坛筹备工作》，新华网，http://www.xinhuanet.com/politics/2019-03-30/c_1124305207.htm。

同繁荣的世界的。必须树立人类集体安全的理念，以人类命运共同体的视角和高度，统筹传统安全和非传统安全，保持全球战略平衡，维系以联合国为核心的多边机制，单边追求绝对安全，破坏全球战略均衡，只会导致全球战略更加不平衡。只有那些习惯于威胁他人的人，才会把所有人都看成是威胁。我们主张大小国家一律平等，同时也认为大国要承担起应有的责任。多边主义的要义是谋求各国协商和合作，首先是大国合作。

最后要树立新发展观。实现永续发展是全人类发展的共同目标。"事实已经并将继续证明，习近平主席提出的'一带一路'倡议为世界各国创造机遇和成果，符合全人类共同利益。中国将秉持共商共建共享原则，坚持绿色、廉洁、可持续发展理念，遵守普遍接受的国际规则、标准和法律法规，与各方携手建设和平、繁荣、开放、创新、文明之路。"① 今天人类社会的发展不能再走老路，而是要走新发展道路，树立新发展观。人类是命运相依的共同体，人类只有一个地球。透支地球的发展模式，应当被摒弃。在巨大的气候和自然变迁面前，没有例外者。构筑尊崇自然、绿色发展的生态体系是新发展观的生动体现。面向未来，我们要敬畏自然、珍爱地球，树立绿色、低碳、可持

---

① 杨洁篪：《倡导国际合作，维护多边主义，推动构建人类命运共同体——在第55届慕尼黑安全会议上的主旨演讲》，新华网，http://www.xinhuanet.com/world/2019 - 02/17/c_1124124350. htm。

续发展理念。在发展中，中国始终坚持树立新发展观，遵守气候变化《巴黎协定》，坚持绿色发展，为我们的子孙后代留下蓝天碧海、绿水青山。

"一带一路"秉持以上发展理念，是走向共同构建人类命运共同体的重要原则和通道。"当今世界正处于大发展大变革大调整时期，我们要具备战略眼光，树立全球视野，既要有风险忧患意识，又要有历史机遇意识，努力在这场百年未有之大变局中把握航向。以共建'一带一路'为实践平台推动构建人类命运共同体，这是从我国改革开放和长远发展出发提出来的，也符合中华民族历来秉持的天下大同理念，符合中国人怀柔远人、协和万邦的天下观，占据了国际道义制高点。共建'一带一路'不仅是经济合作，而且是完善全球发展模式和全球治理、推进经济全球化健康发展的重要途径。"①

总之，"道虽辽远，终将必达"。"一带一路"倡议在世界发展百年未有之变局的历史条件下，实现了发展中国家与发达国家之间的联通；实现了海洋国家与大陆国家之间的联通；实现了传统全球化向新全球化转型路径的联通；实现了全球治理体系坚持多边与完善多边之间的联通；实现了全球发展倡议与各国发展倡议的联通；实现了古丝绸

---

① 《习近平：推动共建"一带一路"走深走实造福人民》，新华网，http://www. xinhuanet. com/politics/leaders/2018－08/27/c_1123336562. htm。

之路与现代丝绸之路的联通；实现了全球新旧动能转换与发展的联通；实现了中国全面扩大开放与世界开放发展的联通；实现了各国以人民为中心发展与为世界求大同发展的联通。万里驼铃万里波的浩浩丝路长歌，万国衣冠会长安的盛唐气象，条条大路通罗马的丝路盛景，将在新时代织就"一带一路"携手发展的新纪元。

第 四 章

"一带一路"倡议与中国—乌克兰
联合投资项目前景分析

Ivan Semenist[*]

从贸易额来看，乌克兰是中国在独联体地区的第三大贸易伙伴（仅次于俄罗斯和哈萨克斯坦）。中国是乌克兰在亚太地区的第一大贸易伙伴。

中国具有巨大的投资潜力，拥有世界最大规模的黄金储备和外汇储备。中国是世界第五大资本输出国。截至2013 年，中国对外投资总额为 545 亿美元，其中对乌克兰经济投资为 1879 万美元，约占 0.03% 以上。

乌克兰和中国应致力于制订两国之间中长期合作计划，合作方式可以是生产合作，也可以是在共同参与建立新的

---

* Ivan Semenist，博士，乌克兰基辅格里琴科大学东方语言与翻译研究室主任。

工业园和技术开发区。通过与中国联合生产高科技产品，乌克兰将成为世界市场上的一个值得投资之地。

一　有前景的领域

乌克兰和中国专家可以在高科技、新材料、环境保护和药品生产领域开展联合项目。

与中国在航天工业领域的合作使我们能够合理实现乌克兰的航天潜力，乌克兰在这一领域有传统优势，而中国正在成为太空探索领域的领先国之一。目前，乌克兰与中国签订了21项合同，合同总额超过6700万美元。中国还制定了长期雄心勃勃和有充分保障的太空计划。

农业是乌中合作的一个非常重要的领域。农产品生产有两个决定因素：肥沃的土地和全新的技术。乌克兰有大面积的耕地，且土地肥沃，这对于农业领域的合作具有重要的战略意义。乌克兰与中国的互利合作完全能够为确保世界粮食安全做出重大贡献，从而成为国际粮食市场的强大参与者。

乌克兰和中国在诸如建设交通走廊、向欧洲国家供应亚洲产品等领域的合作具有光明前景。中国乃至大多数亚洲国家都致力于降低和减少从生产国向拥有庞大消费市场的国家，特别是欧盟运输货物的成本和时间。乌克兰拥有独一无二的地域优势，有机会成为与波罗的海诸国、维谢格拉德四国、罗马尼亚、保加利亚、白俄罗斯和格鲁吉亚共同在黑海—波罗的海地区建设"丝绸之路经济带"的交通物流的枢纽。

二 乌克兰应深度参与 "一带一路"倡议

就当前情况来看，"一带一路"倡议似乎是对乌克兰最具吸引力的发展倡议之一。包容、开放、互利共赢及透明、向贸易规则过激和各国各自发展计划的对接，协调各国项目和发展战略，形成发展合力。

据乌克兰战略、政治、安全和经济咨询研究院（ISPSW）分析师分析，参与"一带一路"项目的国家有可能占世界GDP 的55%、全球人口的70%、全部已知能源的75%。

虽然乌克兰是最早参与中国"一带一路"倡议的欧洲国家，但乌克兰的参与有些仍停留在声明阶段。2016 年年初，乌克兰曾尝试采取实际措施通过"一带一路"将货物从乌克兰运往中亚和中国，但在经济上并未成功。目前，基辅正在继续与合作伙伴洽谈，以降低通过哈萨克斯坦和外高加索国家的一条新货运路线支线上的货物运输关税。

在贸易路线开发背景下，乌克兰和中国正在磋商的另一个项目是深海港口项目，该项目可以将乌克兰港口基础设施的能力扩大一倍，以满足海上丝绸之路的需要。格鲁吉亚开始在黑海东海岸阿纳卡利亚（Anakliya）建设这样的港口，其设计吞吐能力为每年 1 亿吨货物。该港口建设投资额总计 25 亿美元。乌克兰正在研究是否有技术能力在黑海北海岸建设相同吞吐能力的港口。乌克兰将继续探索乌克兰参与"一带一路"项目的潜在机会。

"一带一路"倡议很重要方面是实现互联互通。乌克兰在中东欧地区各国中的优势在于，通过乌克兰的港口可以双向输送货物：从中国到欧洲、从欧洲到中国。

乌克兰还需要充分认识到"一带一路"倡议是一个系统的创新发展倡议，它可以改变现有的欧亚地区经济联系，致力于打造一个合作共赢的区域经济空间。"目前不是要创建通信路径，而是要与中国共建项目。如果与相关国家相比，比如与哈萨克斯坦和阿塞拜疆相比，我们对丝绸之路的全面理解已经落后了"——时任乌克兰驻中国大使奥列格·焦明（Oleg Dyomin）评论说。这位外交官表示，乌克兰并没有积极参与中国的直接投资，特别是与格鲁吉亚、哈萨克斯坦和阿塞拜疆的成功经验相比。大使表示，在对中国新经济发展倡议有了更加深刻的理解之后，乌克兰需要吸引中国投资参与乌克兰的原工业化进程，并进一步将乌克兰产品输往欧洲和中国。因此，乌克兰应认真与中国进行合作，并就长期项目投资洽谈。

三 "一带一路"乌克兰发展的新前景

一、发展乌中关系实现互利共赢，构建人类命运共同体与"一带一路"倡议的理念相符。乌中经贸关系具有较强的互补性，在"一带一路"框架下，可以实现可持续发展。于两国经济合作的潜力很大程度上与基础设施项目有关，因此乌克兰应采取措施，提升其基础设施能力。

二、促进乌中交流有效互动，促进双方人员往来，简化签证手续，加强两国人文交流，促进民心相通。

三、乌克兰应该采取积极措施，加强双边对话。发挥政府的引领和推动作用，形成对接"一带一路"倡议的乌克兰国家战略。乌克兰应认识到：维持战略合作伙伴的高水平合作。

四、乌克兰应加强乌克兰总统对乌中合作发展的影响。针对乌中合作问题，可以设立乌克兰总统授权的特别代表专职负责对华合作和参与"一带一路"倡议的对华沟通事宜。根据《宪法》，由总统执行国家的外交政策，与中国的合作是重要的外交优先方向之一。

五、乌克兰应致力于加强两国商界精英及乌中智库之间的联系，并加强政府对政策、安全、经济、国际问题、文化等两国科研、学术与交流团体交流互动的支持力度。

第 五 章

中国与中东欧国家的合作与
乌克兰的新机遇

Svitlana Glovatska[*]

中国始终致力于发展与中东欧国家（CEEC）间的关系，为此，还与中东欧国家建立了合作新机制。

为了在制度层面建立协调一致的关系，2012 年，中国与 16 个中东欧国家在华沙建立了"16 + 1 合作"机制。参与该合作机制的 16 个中东欧国家分别为阿尔巴尼亚、波黑、克罗地亚、北马其顿、黑山、塞尔维亚、斯洛文尼亚、保加利亚、罗马尼亚、捷克共和国、匈牙利、波兰、斯洛伐克、拉脱维亚、立陶宛和爱沙尼亚。

中东欧国家是欧洲一体化不可分割的一部分，中东欧

* Svitlana Glovatska，博士，中国社会科学院—乌克兰国立敖德萨海事大学中国研究中心乌方主任，乌克兰国立敖德萨海事大学外事办主任。

国家在中欧合作中占有重要位置，发挥重要作用，这是建立这一合作模式的基础。另外，欧元区危机的发生也使中东欧国家寻求新的合作机遇，在传统友谊的基础上，与中国的合作具有重要意义。

中国强调"16＋1合作"是对《中国—欧盟2020行动计划》所确立的中欧战略伙伴关系的补充和加强，是对双边合作的发展。

依近年来的经验来看，"16＋1合作"具有许多有别于其他国际合作的新特点。

"16＋1合作"模式的第一个重要特点是自主、自愿和相互尊重的制度化运作。各国自愿决定是否参与该机制下各机构的工作。该机制有三个级别：

（1）国家元首层级；

（2）与关键领域（如基础设施开发、农业）的专家讨论和合作有关的专家层级；

（3）最重要的层级——秘书处，即位于北京的总办事处。

这种自由的自愿的体制符合成员国的不同定位和参与动机，促进各方将注意力集中在加强合作的领域。此外，这在本质上使该机制更能兼顾各方的关切，并促进中国与中东欧、中国与欧盟的合作。

"16＋1合作"的第二个特点是尊重参与国家的差异性。在这16个中东欧国家中，有11个是欧盟成员国，12个隶属于北大西洋公约组织（北约）。这 16 个国家在地理和历史上有着各自不同的发展经历，但在历史上确都曾是社会主义阵营的一部分。尊重发展阶段、发展历史、国家文化等方面差异性，坚持互利共赢是"16＋1合作"模式的成功之处。

第三个特点是，"16＋1合作"已成为一个共同的区域论坛，将中东欧国家聚集在一起，成为共谋发展的重要平台。

第四个特点是，合作几乎涵盖了所有领域的关系，经济合作占据主导地位。经济方面的关系主要是金融合作和基础设施建设。

经济合作的机构和论坛往往是最活跃的，也是最重要的，这包括"中国—中东欧国家联合商会"和"中国—中东欧国家经贸论坛"。双方将关系的重点放在经济合作上，增强了彼此的务实精神。

第五个特点是，"16＋1合作"的预定框架，这一点在建立之初已经明确（例如《十二项举措》），但在苏州会晤上采取了一种制度化的形式，并就合作中期规划做了补充。明确的规划和后续结果进一步增强了该机制务实的特性。

第六个特点是，中国是合作的原动力，而中东欧国家是另一个合作的动力来源，双方的合作意愿反映在制度的建立和运行中，成为可持续机制发展的重要保障。

第七个特点是，"16＋1合作"坚持多边主义、互利共赢合作的典范。"16＋1 合作"契合欧盟战略文件（《中欧合作 2020 战略规划》）。得益于"16＋1 合作"，中东欧国家与中国的合作，同中国与其他地区为协调国家间关系而建立的机制和合作（如中非合作论坛）一致，这体现了构建人类命运共同体与新型国际合作关系的宗旨和主张。

2012 年在华沙举行的中国与中东欧国家总理会晤上，成员国通过了《十二项举措》，确定了合作的主要目标和形式，以及最重要的一点，也就是将秘书处设在位于北京的中国外交部。中国宣布设立总额 100 亿美元的专项贷款，其中配备一定比例的优惠性质贷款，重点用于双方在基础设施建设、绿色经济等领域的合作项目。16 个中东欧国家可向中国金融机构（中国国家开发银行、中国进出口银行、中国工商银行、中国建设银行、中国银行）申请项目融资。各方同意设立总额 5 亿美元的发展基金，力争中国与 16 个中东欧国家贸易额至 2015 年达到 1000 亿美元。此外，各方达成了在金融、旅游、文化和科学领域的合作，中国承诺在未来 5 年向 16 个中东欧国家提供 5000个奖学金名额。

2013 年 11 月在布加勒斯特举行的领导人会晤上达成的最重要的成果是，各方主张每年举行中国—中东欧国家领导人会晤，梳理合作成果，规划合作方向。此外，各方同意制定"16＋1 合作"中期合作规划。

在经济合作领域，中国和中东欧国家决定举办投资者论坛、科技论坛和联合商会，成员国可自愿加入。中国—
中东欧国家高级别智库研讨会、中国—中东欧青年政治家
论坛、中国—中东欧国家教育政策对话等一批科教领域新
论坛相继举行，成员国一致同意筹建各领域协调中心。例
如，保加利亚负责协调农业领域的合作，塞尔维亚负责协
调基础设施领域的合作，罗马尼亚负责能源项目，立陶宛
负责教育合作，匈牙利负责旅游、中医，捷克共和国负责
金融和投资，拉脱维亚负责运输和物流。

2014 年 12 月在贝尔格莱德举行的领导人会晤上，各方
认可《中欧合作 2020 战略规划》的基本原则和欧盟立法为
合作的基础。作为"16＋1 合作"的第一个大型基础设施项
目，签署了布达佩斯—贝尔格莱德（匈塞）铁路复线改造
协议。在会晤上，各方宣布支持在华沙设立中国—中东欧
国家联合商会。会议决定在布达佩斯设立中国—中东欧国
家旅游促进机构，在华沙和北京设立中国—中东欧国家投
资促进机构等首批部门协调中心。

2015 年 11 月在苏州举行的领导人会晤上，《苏州纲要》
指出"16＋1 合作"与欧盟的关系进一步加深，确定了除上
述合作形式外的中欧互联互通平台。经证实，中方将
"16＋1 合作"机制与"一带一路"项目有机地结合起来。
为了增强经贸关系，各方同意以罗兹和成都之间已有的货
物运输模式为基础，加强中国和中东欧国家间铁路建设。
希腊、马其顿、塞尔维亚、匈牙利等国海关通关合作机制

已经启动，以便尽可能顺利地将货物从比雷埃夫斯港运至欧盟（中欧陆海快线）。各方支持亚得里亚海、波罗的海和黑海港口及相关工业园区的合作计划，以及它们与经济走廊的联系（亚得里亚海—波罗的海—黑海海港合作）。

为了最终巩固在经济、互联互通和基础设施、工业及加工业、金融、农业、科技、研究和环保、文化、教育、青年交流、体育和旅游、医疗保健等领域的合作以及地方合作，通过了《中国—中东欧国家合作中期规划》[2]。

2016 年 11 月，中国—中东欧国家领导人会晤在里加举行。此次会晤的最重要成果是设立中国—中东欧投资合作基金[3]。各方同意对接其基础设施发展与泛欧交通网络（TEN-T）路线。中国—中东欧国家物流合作联合会秘书处在里加成立，虚拟信息平台（www. ceec-china-logistics. org）也已创建。各方支持"16 + 1 合作"框架下的第二个大型基础设施项目，即贝尔格莱德—巴尔铁路现代化。

2017 年 11 月 26 日至 29 日，第六次中国—中东欧国家领导人会晤在匈牙利布达佩斯举行。事实表明，机制自成立以来，"16 + 1 合作"不断扩大，机制不断完善，各领域合作取得显著进展。为进一步推动中国与中东欧国家的合作，中国提出五项倡议：

第一，呼吁各方扩大经贸规模，推动贸易投资自由化便利化。

第二，加快实施互联互通重点项目，推动陆海空互联互通。

第三，在产能、能源、物流、农业等领域探讨产业园区合作模式。

第四，为"16＋1合作"提供强有力的资金支持。宣布成立中国—中东欧银行联合体和设立中国—中东欧国家投资合作基金二期。

第五，呼吁各国加深人文交流，加强旅游合作，开展青年、中医药、体育、妇女儿童保护等领域合作。中国提议将2018年定为中国—中东欧国家地方合作年。

"16＋1合作"是实施"一带一路"倡议深度对接的重要合作平台。

中方邀请欧洲伙伴加强务实合作，为中欧合作搭建特殊平台。签订地方合作合同，扩大中小企业合作。与此同时，多边项目的进一步成功协调了该地区内的合作平台建立及连接欧盟和中国之间的过境通道（乌克兰、白俄罗斯共和国、中亚国家等）的前景。在这方面，"16＋1合作"与乌克兰的发展密切相关。乌克兰应当在不远的将来。应加入中方的倡议，深度参与"一带一路"倡议与中国合作。此外，中东欧国家的经济发展水平结构与乌克兰具有相似性。从中乌关系来看，乌中关系友好，两国各方面交流务实深入，乌克兰积极参与"一带一路"倡议。值得注意的是，由于乌克兰—中国政府间合作委员会于2017年12月举行了第三次会议，乌克兰和中国签署了实施"丝绸之路经

济带"和"21世纪海上丝绸之路"倡议的路线图（行动计
划）。

此外，乌克兰在签署并批准欧盟—乌克兰联合协议后，
在协议的执行阶段，乌克兰将成为欧洲重要"门户"，也将
成为"一带一路"上重要的连接东西的交通枢纽。从而拥
有全新发展方向，并将有机会在"一带一路"倡议下实施
新乌中联合项目。

中国强调"16＋1合作"是对《中国—欧盟2020行动
计划》所确立的中欧战略伙伴关系的补充和加强。乌克兰
与中东欧国家有许多共同之处，在与欧盟签署联合协议后，
乌克兰将完全有理由利用不同的形式（"维谢格拉德4＋
1"、"乌克兰—波兰—立陶宛"铁三角、黑海经济合作组织
等）加强与中东欧国家的互动。可见，这将有利于乌克兰
加强与中国的互动，进一步实现双方共赢发展。

目前，乌克兰应该借鉴中国的经验和思路，激发自身
的潜力，通过再工业化、现代化、提高生产效率、保护自
然环境等方式，凭借物流实力，实现"一带一路"倡议在
乌克兰的落地。

"一带一路"倡议以及"16＋1合作"首先旨在建立
到欧洲更紧密的经济关系。这些项目从亚洲的实施有力的
推动了沿线国家合作。因此，基辅应向已经参与"一带一
路"项目与"16＋1合作"的欧洲国家学习，会从中获
益。乌克兰需要采取实际行动推动"一带一路"倡议，积

极参与讨论乌克兰在上述项目中的作用和地位，利用这些项目，增强经济潜力，加强与欧洲和亚洲主要经济中心的融合，从而成为东西方经济项目对接并带来双重效益的平台。

第二篇

丝路发展与感知中国

第 六 章

中国全面扩大开放政策的实施与
入境旅游业的发展

Markov Valery Vadimovich[*]

 自 20 世纪 70 年代末 80 年代初实行改革开放政策以来，旅游业已经成为对中国国民经济做出重要贡献的行业。富裕的中等收入群体的出现，以及旅游政策的放宽，这些有力地促进了中国旅游事业的发展。中国入境游的快速发展是中国开放政策成功实施的最重要证明之一。中国入境游中最受欢迎的类型包括：文化游、民俗游、健康游、生态游、购物游等。外国游客最常去的中国目的地是北京、上海和桂林。来华游客主要是亚洲游客。最近几年，中国入境游持续增长，2016 年游客数量达到 1.38 亿人次，2017 年

　* Markov Valery Vadimovich，科学博士；乌克兰国立敖德萨海事大学副校长、海商研究所主任，中国社会科学院—乌克兰国立敖德萨海事大学中国研究中心乌方副理事长。

达到 1.43 亿人次，旅游成为外国人感知中国发展的重要途径。

从世界范围看，过去几十年来，旅游业持续发展，多样性不断加深，成为全球增长最快的经济部门之一。现代旅游业与经济发展紧密相连，新开发的旅游景点层出不穷。这些新动态已经把旅游业转变成驱动经济社会进步的重要力量。

旅游业在经济发展中发挥重要作用，而且是创造外汇收入的主要行业之一。旅游业能帮助边远地区的人们促进文化交流和经济的发展，而且能让一个国家在全球树立更好的形象。

中国在"一带一路"倡议框架内积极推进国际合作，确保政策沟通协调、设施联通、贸易畅通、资金融通及民心相通，并且努力构建新型国际关系，这为共赢发展提供新的动力。

"一带一路"倡议是伟大的合作构想，旅游业尤其要尽全力促进"一带一路"倡议的设施增进文明交流和互鉴。

中国坚持全面深化改革、全面扩大开放，"开放带来进步，封闭必然落后"。中国改革开放的大门不会关闭，而且会开得更大。旅游业（首先是外国公民来华旅游）得益于改革开放政策的实施，在进一步全面扩大开放的进程中必将带来新的机遇。

1978 年，邓小平先生提出了"改革开放"政策这一伟大战略构想，从此拉开了中国对外开放的大幕，虽然彼时中国人对旅游业还是感到陌生的，但自此以后旅游业开始发展壮大。当年，召开了旅游业的首次全国性会议，制定了旅游业发展的指导原则和组织结构。1979 年，中国快速发展旅游业，挖掘旅游业的经济潜力。中国在 20 世纪 80 年代的经济发展推动了各行各业特别是旅游业的爆发式增长。中国旅游业发展迅猛，中国对多个旅游项目投入大量资金，促进了大型住宿设施的建设、定向旅游景点翻新，以及旅游接待从业人员的教育培训。服务员和专业导游等新增职业应运而生，国家旅游协会也建立起来。到 1985 年，已有大约 250 个城市向外国游客开放。

外国游客蜂拥而至，来到这个古老而现代的大国。据估计，1978 年有 180 万游客进入中国大陆，大部分来自中国香港、中国澳门和中国台湾。到 2000 年，除了来自以上三个地区的游客之外，中国接待了 1000 多万新增海外游客。来华入境游客主要来自日本、韩国、俄罗斯和美国。

从千禧年之初开始，中国入境旅游人数大幅增长。

入境游增长的原因主要基于：（1）中国加入世界贸易组织；（2）中国成为全球商业中心；（3）2008 年北京举办奥运会。

2001 年中国加入世界贸易组织，中国的旅游市场进一步开放。加入世贸组织减少了跨境旅游的手续和壁垒，而且全球竞争也有助于降低旅游费用。这些变化进一步加强了中国作为金融投资和国际商业大国的地位。

快速发展的营商环境促进了旅游业的繁荣。很多商人和企业家常常会在出差期间去一些热门景点参观。

北京奥运会开幕式和闭幕式向全世界展示了中国丰富的文化和悠久的历史。宏伟壮观的古代建筑、绮丽秀美的自然风光、热情好客的中国人民，所有这一切让旅游业在过去几十年里变得繁荣起来。

中国入境游从 2004 年开始快速增长。例如，2004 年入境旅游人数达到了 1 亿 904 万人次，而 2005 年达到了 1 亿 2029 万人次。其中，外国游客 2025 万人次，增长 19.6%；中国香港游客 7019 万人次，增长 5.5%；中国澳门游客 2573 万人次，增长 17.6%；中国台湾游客 411 万人次，增长 11.5%。入境过夜游客数量增加了 12.1%，达到 4681 万人次。其中，外国游客 1642 万人次，同比增长 20.2%；中国香港和中国澳门游客 2681 万人次，同比增长 7.7%；中国台湾游客 358 万人次，同比增长 11.5%。国际旅游收入达到了 292 亿 9600 万美元，同比增长 13.8%。

权威消息显示，海外游客总数在 2007—2009 年总体小幅下降，2010—2011 年短暂增加，之后在 2012—2014 年再次下降。

一些可能的原因在于：第一，由于人民币升值以及汇率波动，导致来华旅游费用上涨，因此很多潜在游客就转向别的地方旅游了。第二，欧洲和美洲国家的经济衰退使人们花在旅游上的钱减少了，而欧洲和美洲游客占中国入境旅游市场的比例很大。第三，传统旅游线路和旅游产品缺乏新意和竞争力。第四，与其他国家相比，中国在促进入境旅游产品方面的投入较少。

最近三年，中国入境旅游持续增长，2016 年入境旅游人数达到了 1 亿 3800 万人次，2017 年达到约 1 亿 4300 万人次，2016 年国际旅游收入总额为 1200 亿美元，其中 668 亿美元来自外国游客，305 亿美元来自中国香港游客，76 亿美元来自中国澳门游客，2017 年国际旅游总收入约为 1260 亿美元。

过去几十年里，入境旅游的结构发生了小幅变化：

2005 年，来自亚洲地区的游客人数占来华外国游客总人数的 61.7%。来自欧洲和美国的入境游客数量分别占 17.5% 和 9.8%。

2016 年，来自亚洲国家的游客大约占入境游总人数的 67.5%。欧洲人和美国人分别占 17.3% 和 10.7%。来自其他国家的游客占 4.5%。按交通工具计算，3.4% 的游客乘船进入中国，16.4% 的游客乘飞机，0.8% 的游客乘火车，21.9% 的游客乘汽车，57.5% 的游客步行。按游客年龄计算，3.6% 的游客不到 14 岁，9.6% 的游客在 15 岁到 24 岁之间，46.8% 的游客在 25 岁到 44 岁之间，34.3% 的游客在 45 岁到 64 岁之间，5.7% 的游客在 65 岁以上。按游客性别计算，男性游客占 63.0%，女性游客占 37.0%。按旅游目的计算，18.4%的游客来华参加会议或商务旅行，33.4%的游客为了观光休闲，3.1%的游客为了探望家属或朋友，15.0%作为服务提供商来中国，其余30.1%为了其他目的来中国。

从2005年开始，韩国成为中国入境游客最大的来源国。根据游客数量统计，2005年入境游客来源国排行情况如下：韩国、日本、俄罗斯、美国、马来西亚、新加坡、菲律宾、蒙古、泰国、英国、澳大利亚、德国、印度尼西亚、法国、印度。2016年，入境游客来源国排名情况发生了变化：韩国、越南、日本、缅甸、美国、俄罗斯、蒙古、马来西亚、菲律宾、新加坡、印度、泰国、加拿大、澳大利亚、印度尼西亚、德国和英国。

其中大多数（1039万人）是观光客，占33%。商务旅行排第二位，大约为598万人。472万人来中国是为了工作，占15%。94万人主要是为了探望亲戚朋友，占3%。

当前中国的入境旅游主要分为以下类型。

和其他许多国家一样，文化旅游在中国旅游细分市场占有率很高。中国有五千多年的历史，有大量可供佛教和其他宗教信徒朝拜的目的地，有很多巨型雕塑和寺庙，中国的长城更是中国著名的旅游名片之一。此外，中国不同地区的建筑和文化差异很大。

中国文化旅游的一个重要部分是民俗旅游。中国是一个多民族组成的大家庭，每个民族都有自己独特的民族服装、风俗习惯、饮食文化甚至是语言。虽然汉族占中国人口总数的百分之九十多，但不同省份的汉族人也有不同的生活习惯和地域文化传承。游客不但可以了解中国人的文化和生活方式，而且可以感受中国人与西方人截然不同的独特人生哲学。

就像东方人的心态与西方人的心态不同一样，中国传统医学与西方医学也是不同的。这种现象激发了游客对来华健康旅游的特殊兴趣。甚至到现在，中国的医生几千年来积累的知识都能帮助成千上万受急性和慢性疾病之苦的人恢复健康。中国医生能够运用草药、温泉、按摩、针灸等方法治病。另外，还可以利用中药增强免疫力和保持身体健康。

中国有很多保持独特自然景观的国家公园，中国的动植物与世界其他地方的动植物不同，在中国可以看到很多特有的本土植物和令人惊叹的动物。某些动物品种属于特别保护动物：熊猫是中国的国家标志之一。

同时，生态旅游的表现也很抢眼。中国最受欢迎的旅游景点是张家界国家公园，园内垂直的悬崖峭壁直冲云霄。在张家界你可以体验很多惊险刺激的项目，包括走高空玻璃栈道、沿着天门山边缘奔跑、跨越华山狭窄的木栈道等。

对于那些想去雪山旅游的人，西藏有条路很适合他们。另外，北京与拉萨之间的铁路线已经运营多年，这让到"世界屋脊"的旅行变得非常简单。

最后，中国的购物游也具有吸引力。实际上，中国的大城市遍布精品店和购物中心，很多性价比高的商品都可以在中国找到。同时，中国有种类繁多的旅游纪念品，满足各种不同的需求：中国风室内物品、各式花瓶和雕塑、小摆件、装饰品等，可以买回这些纪念品，作为来中国旅游的美好回忆。从某种意义上来说，中国可谓"购物狂"的圣地。

最近几年最受外国游客欢迎的旅游目的地包括：

——北京。北京是最受海外游客欢迎的城市之一。2016年，来北京的入境过夜游客约为416.5万人次。大约十年来，美国游客人数名列前茅。加拿大游客增幅最大，达到了17.4%，游客约为15.3万人次。法国游客减少了13.8%，游客约为13.2万人次。

——上海。上海2016年接待了854万名游客，与去年同期相比增长6.77%。其中来自日本的游客数量最多，大约为79万人次，同比增长3.12%；韩国游客占第二位，大约为75万人次，同比增长13.08%。美国依然是海外游客主要来源国之一，游客人数69.6万人次，同比增长9.39%。

——桂林。截至2016年11月，来桂林的入境游客约为220万人次，增长了7.43%。旅游总收入为549.51亿元，与2015年同期相比增长了23.54%；国际旅游收入11.84亿美元，与2015年同期相比增长了16.92%。

在对所有来华入境游客开支情况进行统计分析后发现，70%的游客在其来华旅游期间的支出总额为 500 到 3000 美元之间，其中大部分是交通费。与中国游客国外游主要花费用于购买奢侈品不同，来华旅游的外国人更倾向于到自然和文化景点观光。2016 年 7 月 1 日，北京开始实施离境退税政策，以此鼓励游客在中国旅游期间购买更多贵重商品或纪念品。

过去 12 年来，中国认识到了旅游业对国家经济发展的重要性，因此对旅游业的教育培训体系进行了改革。

截至 2005 年年底，中国有 693 所旅游类高等教育机构和开设旅游系/专业的普通高等教育机构，比上一年增加了 119 所，在校生共计 308400 人，比上一年增加了 33700 人；有 643 所旅游类中等学校，在校生共计 258100 人，分别比上年增加了 96 所和 45800 人。以上两项合计，一共有 1336 所院校提供高等和中等旅游教育，在校生共计 566500 人。2005 年，267 万 1800 名从事旅游业工作的人接受了在职培训，比上一年增加了 223300 人，增幅为 9.1%。

截至 2014 年年底，中国 565 所院校招收了 533866 名主修旅游管理的本科生；1068 所院校招收了 110835 名学习旅游相关课程高职学生；147 所院校招收了主修旅游课程的本科生和高职生；933 所中等职业学校招收了 123000 名学旅游的学生。接受相关培训的人数为 4621300 人，其中 4287700 人接受的是在职培训，333600 人上的是学位课程。

通过分析统计可以发现，自 20 世纪 70 年代末 80 年代初实行改革开放以来，旅游业已经成为对中国国民经济做出重要贡献的行业。中国出现了富裕的中等收入群体，放宽了旅游政策这些推动了旅游事业发展。中国旅游市场已经转变为全球最受欢迎的入境和出境旅游市场之一。

最近几年，旅游业对中国国内生产总值（GDP）的年均贡献率为 2.1%。

2016 年，旅游业对 GDP 的贡献大约为 18280 亿元，2017 年达到了 19660 亿元。据预测，到 2027 年，旅游业对 GDP 的贡献将达到 20270 亿元。

2016 年，中国的旅游业直接从业人员约为 2370 万人。据预测，到 2027 年旅游业直接从业人员将达到 2660 万人。

如果把间接从业人员计算在内，旅游业对中国就业市场的影响应该更大。2016 年，大约 6500 万人间接从事旅游业工作。

中国的开放政策和中国人民收入的提高将推动旅游业进一步发展。一个更加开放、自信的中国，将会让世界更加惊艳！

第 七 章

21 世纪全球化模式:中国因素

Popkov Vasily Vasilevich[*]

"全球化"一词在 21 世纪上半叶已然成为一种"品牌"。我们在 20 世纪也遇到了类似的"品牌"。

有人认为西方的民主化就是全球化,但事实并非如此。在全球化进程中,实行不同政治制度的不同国家都会参与其中。其中很多国家的政治制度与西方的民主模式完全不同。"全球化能自动按照西方模式让全世界实现民主化",这种说法就是乌托邦式的梦想。

经济全球化的支撑结构是技术和电子(兹比格内夫·布热津斯基所定义的"技术电子")的全球化。计算机、处理器、激光、光纤通信系统、全球电信、数以千计的空间卫星、喷气式客机、超高速列车、管道网等,所有这些都

* Popkov Vasily Vasilevich,哲学博士,国立敖德萨大学教授、政治学研究室主任,乌克兰高等院校科学院院士。

推进了技术和经济的全球化。

得益于这些高科技载体，才形成了现在灵活多样的现代全球市场，在这个市场中，"电子货币"可以在世界任何地方实时转账，广告宣传无处不在，新产品从发明到大规模生产都有详细的路径。全球经济已经成为一艘"无舱船"，这艘船的任何部位有洞都能导致整条船进水。

技术信息、金融和经济的全球化也自动"拉动"了社会政治全球化。所有的国家和所有的人都突然感觉自己已成为全球这个有机体的一部分，这个有机体的任何一个器官患病都会在其他器官和细胞的健康上反映出来。国家边界正在变得更具有渗透性，国家政府瞬间被"大众媒体"这条 X 射线照亮。

这与 19 世纪末的世界形势类似。那时候是所谓的"第一波全球化浪潮"，其技术载体是：汽船、火车头、电报、电话、传送带。当时，英镑是国际支付货币，英国银行和皇家海军共同为世界经济稳定保驾护航。

但是，这第一波浪潮的持续时间很短。到 1914 年，全球互联互通、相互依存、共同繁荣的热情已被相互敌对、仇恨、怀疑和自我封闭的情绪替代。这种情况和这些情绪，在两次世界大战之后得到强化，而且一直持续到 20 世纪 80 年代末，这时一波新的以最新技术为基础的全球化浪潮开始兴起。

美国成为这一波新浪潮的核心国家。当时，两极世界的一极苏联解体了，在这个背景下，美国迅速崛起，成为新的一极化世界中的支柱。当时，美国政治学者弗朗西斯·福山（Francis Fukuyama）① 提出了"历史终结"的观点，其"美好的结局"出现在美国自由民主制度、"没有边界的"全球自由市场和"大众消费社会"中，现在剩下的只是把这一切传遍全世界。

在上述基础之上，全球主义思想（以美国为中心）开始形成。这种思想出现之时，正是技术全球化扩张、自由市场理念突破进入苏联解体后的欧亚大陆之际。需要注意的是：当时，亚洲东部尤其是中国已经走向了改革开放的发展道路。这说明一个事实，即中国在那个时候已经准备好迎接全球化了。但是中国的全球化是建立在其原有的社会经济和政治基础之上的。

那时的地缘经济形势非常特殊。在西方，苏联有欧洲大西洋自由市场区做"靠山"，在东方，有国家参与的市场经济区。在中间有苏联与东欧国家。戈尔巴乔夫"新思维"的理论缺陷和投降倾向，导致苏联的计划经济没有转型成为有效管理的市场经济。它在"野蛮的资本主义"和公共财产被完全盗取的重压之下崩溃了。欧洲大西洋全球主义

① Фукуяма Ф. Конец истории и последний человек. /Ф. Фукуяма；［пер. с англ.］－М.：АСТ，2004－532 с.

与一个大国开了个糟糕的玩笑。这个笑话让胸怀国家利益的政治精英们无私付出了几十年，努力让社会走出困境并走向集约发展。

但是，福山所谓"历史的终结"是短暂的，也是错误的。没有人可以终结历史，因为历史是一条大河，只会奔流不息。从 2001 年 9 月纽约双子塔遭受可怕的恐怖袭击就已经可以看出，历史根本就不会终结。历史进入另一个更复杂、更动荡的阶段。这时，以美国为中心的全球化模式下激烈的结构调整和转型开始了。

第一，在这个模式中出现了"多中心分支"。全球化跨国精英们努力要形成一个超越国家的"全球政府"，他们与美国国内精英们产生了越来越多的矛盾。

第二，以美国为中心的全球化模式与欧洲联盟的"不同政见"立场相对。欧盟不仅用实例证实了小型"全球政府"模式（由欧洲议会和欧洲委员会领导）的可行性，而且还推出了欧洲货币，这在较大程度上限制了美元的全球野心。

第三，以美国为中心的全球化模式在美国本土遭到的抵制不断增加。美国出现了一股由宗教领袖、愤怒的工人和新保守派国会议员形成的力量，他们不断大声疾呼，宣称美国社会和劳动阶级遭受了全球化之苦。顺便说一句，这也是特朗普能在总统选举中获胜的原因之一。

另外，除了内部矛盾逐步升级之外，以美国为中心的模式也越来越多地难以为继。

除了全球化的西方自由主义运动之外,一种新的强大的全球趋势逐渐显现在21世纪的地平线上。这种趋势的源头就是实力和影响力不断增强的中国。

全球化问题中国解决之道的独特之处在于,中国不会把自己的思想强加给世界其他国家,中国并没有把全球化简单看作是一种不利的因素,而是看作发展的源头。中国并没有想着利用全球化过程谋求自身的发展,而是,中国以巨大的自我发展和自我转型潜力进入全球化世界,为世界共同发展带来更大的机遇和贡献。

"中国方案"是以中华文明五千多年历史积累的经验为基础。让我们回想一下,历史上构成西方文明科技经济基础的所有最重要的发明都是从东方(主要从中国)传到西方的。这些发明包括火药、指南针、丝绸、瓷器、导弹原理、纸币的流通等。[①]

大概从15世纪开始,世界历史轮回的摆锤向相反的方向运动——落到西方那一边,西方在内部存在激烈的经济和政治斗争的情况下,借力外部文化和技术,并将其转化为强力发展的内因。之后的5个世纪里,西方的影响力稳步扩大。

---

① Попков В. В. Реванш Востока Соотношение Запада и востока в глобальных геополитических трансформациях (конец XX—начало XXI века)/В. В. Попков. - Харьков, 《Бурун-книга》, 2010. - 128 с.

但是，从 20 世纪末开始，东西方历史大循环的摆锤又移动到东方，这在今天不仅体现于东方较高的经济增速上，而且体现于东方完全不同的、不存在政治西方化的科技现代化模式上。现在在东方社会，你会经常听到有人说："如果想实现现代化，你完全不需要西方化而是走一条适合自己的道路。"

现代研究者对这一切得出了一个结论：西方文明的推动力逐渐弱化，东方文明的推动力逐渐增强。在这个背景下，中国的发展正在发挥越来越重要的作用。比如，"一带一路"倡议对整个世界的经济和政治都有巨大的影响。不仅如此，还有对整个人类文明发展方向的深度思想转变。

国际社会已经厌倦了不绝于耳的国际冲突、战争、政变、危机等不和谐声音，而中国提出了全球和谐的理念和战略，即共同发展、共同富裕、共同繁荣的思想，构建人类命运共同体和新型国际关系体系。

这是中华人民共和国国家主席习近平对国际关系中正确义利观的辩证法含义的解释。对这个问题有正确的认识意味着：一个国家必须坚持道德和公正，在追求自身利益的同时兼顾其他国家的利益，尊重不同国家选择自身发展道路的权利，共赢谋发展。

在建立新型国际关系的方法中，中国与那些西方"全球主义者"完全不同，后者把自己国家的利益完全置于其他国家的利益之上，在很多情况下甚至不惜动用武力在国际舞台获取利益。相比之下，中国能取得伟大的成就，在很大程度上是由于中国在国际关系中尊重公正原则，坚持走和平发展的道路。

中国的发展不仅提供了一种新的经济模式，而且提供了一种响应21世纪需求的新的现代化发展道路。我们的时代不再需要无节制的享乐主义者，只顾着满足自己的欲念。这种消费型人格预示着文明的终结（就像曾经的罗马帝国时代一样）。在21世纪，生存与可持续发展需要完全不同的方式—沟通无障碍、有创造力的人，其需求应该是合理的，首先包括自我实现和创造力。

现在非常需要中华文明的智慧，因为这种智慧已创造出能够为社会提供非凡活力和永恒复兴的社会文化体系。

在中国共产党坚持马克思主义思想体系中，聚焦为人民利益而进行的根本性的社会转型。得益于中国共产党的领导，中国人民始终专注于持续发展的前景展望，形成了新的现代化路径和模式。

几个世纪以来，中国人积累了很多的谚语，比如"不怕事情难，就怕不耐烦""人不肯吃苦，幸福不长久，人若肯吃苦，苦难就逃走"。

对于中国人来说，文化是"大同"理想所固有的，该理想认为相互责任是社会组织的基础，不走极端，行为谨慎适度——这是社会和谐的最重要条件。

与这种原则联系密切的另一原则是"实事求是"，即每个人要以实实在在的态度对待自己、他人和工作，不自欺欺人。因此谦逊成了中国人的传统美德。每个人要严格要求自己，自尊、自律。实事求是的人能够学习和感受他人积极的方面，努力学习他们的优点。

努力"求同"也是中国人特有的行为方式。兼顾和支持团队、集体、国际世界的利益和福祉，不仅体现于中国人个人的行为，而且体现于中国的国家政策（内外部政策）。这种行为方式与洁净、整齐和文明也是相关的。

像全球化一样，中国具备的这些素质，不是西方式个人主义、利己主义、消费主义或对他人麻木不仁，而是对人类命运共同体更加必要的。因此，对于我们的时代来说，与美国经典"草原牛仔"的个人主义形象相比，中国"协和万邦"的集体主义形象才是越来越有利的。

对于21世纪的发展新情况不仅需要新人格，还需要新经济，新经济必须具有综合性、聚合性，以社会的合理和自然需求为导向。在这种经济体系中，获取利润不被视为一种任务，而是对经济发展的激励，为共同利益的理想服务。这正是两千多年前西方的亚里士多德和东方的孔子所向往的。

这一理念已具体体现于习近平主席在中国共产党第十九次全国代表大会上提出的著名的新时代坚持和发展中国特色社会主义的基本方略。

具体如下：

一、坚持党对一切工作的领导。

二、坚持以人民为中心。

三、坚持全面深化改革。

四、坚持新发展理念。

五、坚持人民当家作主。

六、坚持全面依法治国。

七、坚持社会主义核心价值体系。

八、坚持在发展中保障和改善民生。

九、坚持人与自然和谐共生。

十、坚持总体国家安全观。

十一、坚持党对人民军队的绝对领导。

十二、坚持"一国两制"和推进祖国统一。

十三、坚持推动构建人类命运共同体。

十四、坚持全面从严治党。

从以上十四条基本方略可以明显看出，中国的领导人不仅对本国的发展有清醒、理性的认识，而且还依赖于中国在悠久历史的长河中总结出的基本道德原则，形成新时代的治理方略。

今日的中国在保持其行事风格和创新特征的同时，必将在更广阔的国际舞台上发挥重要作用。

列宁曾在20世纪初提出"社会主义改造的中心转向东方"的想法。当时，他头脑中想到的主要是处于革命中的俄罗斯。然而在21世纪初，世界发展的中心进一步东移，转向东方。这种转型通过全球化的机制，形成新全球化的发展态势，一个更加包容、公平、公正的全球化的推动力，来自东方、来自中国。

实际上，中国国内建设全面小康社会的理念，也符合国际社会希望繁荣与公正的理念。在这个问题上，道家思想称"人的外在行动是内在心性的延伸"。

与教条式的苏维埃社会主义不同的是，具有中国特色的社会主义体现的是一个多样化、多维度的社会。中国共产党是一个组织完善、思想先进、创造力强的政治组织。中国共产党实行不间断的内外部监督，将自我革命转化为强大的进步力量。

中国在全球化进程中准备充分。同时，中国的做法最一致、最系统、最有条理，这得益于中国具有的协调、灵活、适应性强的政治经济结构。

很多研究人员注意到，美国正在失去其在全球的影响力，这主要是由于美国的个人主义思维所导致的。美国的全球化运动是美国内部"大草原（原属于美国原始部落和原住民）美国化"过程的直接延续。在这个过程中，"利己主义"盛行，各方力量自由竞争，适者生存，强者获胜。在对外政策方面，美国以同样的方法对待现代"全球大草原"。因此，在21世纪，通过残酷的竞争，"成功国家"与"落后国家"的差距越来越大。美国著名研究员查尔斯·库普乾说："美国制定了游戏规则，公开利用全球化按自己的喜好改变世界的面貌。"①

　　而中国的做法完全不同。中国具有人文精神，在对内对外政策方面讲究和谐，中国以温和的方式把自己融入全球化。习近平主席说过："中国坚持走和平发展道路，坚持互利共赢的对外开放战略。"②

　　在当今相互依赖的世界里，我们可以发现"四大全球化趋势"：

　　——第一，美国希望按照从"美国18世纪自由革命"传承的社会结构战略维持其全球领导地位。美国的信条是："进步和民主，只要对美国有利。"

　　——第二，中国作为一个始终都在创新发展的国家，作为一种文明，希望在国际合作和国际公正原则的基础上，推动构建人类命运共同体。实际上这是中国历史的延续。"一带一路"倡议是这种政策的生动体现。

　　——第三，俄罗斯推动欧亚经济联盟发展，不断探寻自己在全球化中的位置。

　　——第四，欧盟不断推动一体化进程，面临英国"脱欧"的影响，但更加追求政策的独立性。

　　在这些趋势中，中国的发展趋势将带来不同凡响的人

　　① Капхен，Ч. Закат Америки: Уже скоро. /Ч. Капхен；пер. с англ. – М.：АСТ，2004. – 636 с.

　　② Си Цзиньпин. О государственном управлении/Си Цзиньпин；пер. с кит. – Пекин：Издательство литературы на иностранных языках，2014. – 630 с.

类未来。

对于所有倡导均衡、公正、和谐的国家，有五千年历史的中国文明是社会历史发展最成功的典范之一。这个独特社会的格言是"由内及外"。从内部和谐简约到外部和谐发展。

因此，所有国家都会看到未来几年全球化将深度重构，全球化优先事项将发生很大变化。我们完全有理由认为，在产生所有这些转变之后，中国将成为新全球化的引领者和推动者。

第 八 章

生态文明:中国发展的现代理念

Kovtun Tetiana[*]

中国是全球人口最多的发展中国家,发展速度很快。当发达国家经历"先污染,后治理"的发展老路之时,中国过去几十年来经济较快发展,环境保护问题也日益凸显,但中国走了一条"绿水青山,就是金山银山"的发展道路。

中国在发展中走了粗放型的经济发展模式,今天中国转向高质量的发展模式,中国领导人提出了新的经济增长手段,例如培育、壮大中国的中等收入群体,优化消费结构,发展服务业和环境友好型产业,扩大国内市场。煤炭价格、电力消费、商品流转等传统经济指标的增长会导致碳排放增加,因此这些指标在经济发展中日益被绿色发展

* Kovtun Tetiana,博士,乌克兰国立敖德萨海事大学副教授。

指标所取代。

在中国共产党第十七次全国代表大会（2008 年）上，首次提出了"建设生态文明"的构想。中国共产党第十八次全国代表大会（2012 年）把建设社会主义生态文明写入中国共产党党章，提出了建设"美丽中国"的战略规划，包括经济、政治、文化和社会建设以及创建生态文明等方面。2017 年 10 月，建设"美丽中国"被写入中国共产党第十九次全国代表大会报告，标志着这个雄心勃勃的计划已成为中国实现现代化的重要目标。

"生态文明"的概念与中国的精神文化背景非常协调。中国的传统价值观是个宝库，能够为建设生态文明的理念提供强大的精神支持。"文明"一词在中国哲学中具有伦理内涵，体现了人与自然、人与周围世界和谐统一的理念。在中文中，"文明"从语源的角度讲由两个象形文字组成："文"——文化和"明"——光明、昌明、明白。中国道家思想蕴含的生态原则、彰显的生态智慧、富有的生态伦理，与当代生态伦理学理论有许多共通及契合之处，对当代生态文明建设具有重要的启示意义。① 可以说，在中国文化背景下，创建生态文明就是一种创建人与自然和谐发展的新理念。

---

① Drevniy original Velikogo ucheniya/Per. A. I. Kobzev//Portal Sinolo-giya. – Rezhim dostupa：http：//www. synologia. ru/a/Pere-vod_Da-syue_gu-ben.

创建环境清洁的生活空间的理念并不是中国人刚刚形成的新理念。中国古代的世界观就讲究人与自然的统一。早在公元前 2 世纪，中国人就已经提出了"天地一体""万物之源""天人合一"等思想，在此基础上形成了社会与自然协调统一的观点。现在，越来越多的人已经认识到传统和宗教在推动生态文明发展进程中的重要作用。"中国宗教（道教、儒教和佛教）可以成为防止生态危机、建设和谐社会的强大武器。"①

几千年之后的今天，保护环境和为中国人创造良好的生活环境比以往任何时候都更重要。在新的发展时代，中国提出要加快生态文明体制改革，建设"美丽中国"。人与自然是生命共同体，人类必须尊重自然、顺应自然、保护自然。人类只有遵循自然规律才能有效防止在开发利用自然上走弯路，人类对大自然的伤害最终会伤及人类自身，这是无法抗拒的规律。

人类要建设的现代化是人与自然和谐共生的现代化，既要创造更多物质财富和精神财富以满足人民日益增长的美好生活需要，也要提供更多优质生态产品以满足人民日益增长的优美生态环境需要。

必须坚持节约优先、保护优先、自然恢复为主的方针，

---

① Wang Zhihe, Ho Huyli, Ban Meytszyun. Debaty po povodu ekologicheskoi tsivilizatsii. Pebate over Ecolog-ical Civilization Nezavisimyi sotsialisticheskii zhurnal-Independent Socialist Journal. http：// monthlyre view. org/2014/11/01/the-ecological-civilization-debate-in-china/.

形成节约资源和保护环境的空间格局、产业结构、生产方式、生活方式，还自然以宁静、和谐、美丽。

2013 年，中国推出了"大气污染防治行动计划"，设定了抗击雾霾的具体目标和计划措施。最受关注的是大城市和经常出现雾霾和粉尘的地区，重点是控制没有经过初步净化的煤炭燃烧过程中所产生的细颗粒物（PM2.5）和可吸入颗粒物（PM10），这些颗粒物包含在工厂、家庭生活区和非住宅楼宇供暖设施所排放的废气和烟雾中。减少空气污染的关键方法是：转变产业结构、提高生产活动中的能源效率、减少汽车废气排放以及改变住宅小区和非住宅楼宇的供暖方式（见表8—1）。

表8—1　　　　　　　　中国"蓝天"战役的主要方面

空气污染、雾霾的原因	空气污染、雾霾的对策
落后的燃料和能源结构	—改变采暖方法，采用清洁能源（减少煤炭消耗）； —住宅和非住宅楼宇供暖采用节能技术；
工业过度排放	—调整生产结构，优化产业布局； —禁止或限制污染企业的生产活动； —在生产中采用节能技术； —采用严格的标准监测工作场所的有害排放； —修改管理有效性的评估标准，引入环境评估指标； —实行环境损害终生责任制； —建立温室气体排放全国排放权交易系统

续表

空气污染、雾霾的原因	空气污染、雾霾的对策
交通运输车辆排放废气	—实施尾气排放国五标准（监管排放尾气中有害物质含量的环境标准）； —加快新能源汽车的普及； —采用环境友好型交通运输方式
沙尘暴	—增加森林蓄积量，增加湿地数量； —扩大对环境无害的城市科学规划和新土地开发； —减少牧场数量

资料来源：笔者自制。

2015 年 11 月召开的巴黎气候变化大会上，中国提出了自主的碳排放控制指标："2030 年单位国内生产总值二氧化碳排放比 2005 年下降 60%—65%，非化石能源（替代能源）占一次能源消费比重达到 20% 左右，森林蓄积量比 2005 年增加 45 亿立方米左右。"对于在不久的将来气候变化问题的解决办法，2016 年 10 月，中国政府公布了《十三五控制温室气体排放工作方案》，该工作方案中称，到 2020 年，单位 GDP 的二氧化碳排放指标与 2015 年相比降低 18%，碳排放总量将被严格控制。[①]

在可再生水力资源总量方面，中国现在排在世界第五位。地表径流绝对值为每年 27000 亿立方米。然而，中国人均水

① Chun Yatu. Novaya tsel' i novyy vyzov//Kitay: yezhemesyachnyy zhurnal. – 2018. – No2 (148) . – S. 38 – 39.

资源可利用量只有 2500 立方米，相当于全球指标的 1/14。[①]

　　由于自然条件中国很多地区并不适合居住，中国 90%
的人口聚集在 10% 的国土上，水资源空间分布不均。在某
些地区，水体不适合饮用，甚至不适合用于灌溉和饲养。
主要污染源包括：工业和生活污水、农业土地流失、石油
产品、固体生活垃圾等（见表 8—2）。

表 8—2　　　　　　　　　中国"清洁水"战役的主要方面

水污染的原因	水资源污染应对措施
未净化的工业污水	—工业废水韧化控制措施； —采用减少水资源消耗和降低污染的现代生产工艺
未净化的市政污水	—在人类居住区布置集中式污水系统
农业土地流失	—对作物采用最新的环境友好型施肥技术
远洋船舶排放（倾倒垃圾）	—严格执行控制措施和排污责任制

　　资料来源：笔者自制。

　　中国水源污染已影响中国人口饮用水资源短缺。中国
年均缺水量为 290 亿立方米，预计到 2020 年将达到 500 亿
立方米。

　　水资源不断减少以及水污染是生态环境的最大威胁。因
此，中国领导人明确提出要强化水污染防治以及各流域和沿

---

　　① Fortrygina Ye. Ekologicheskiye problemy Kitaya//Otechestvennyye zapiski：zhurnal literaturnyy,
politicheskiy i uchenyy. –2008. – No3（42）. - Rezhim dostupa：http：//www. strana-oz. ru/content/
ekologicheskiye-problemy-kitaya.

海地区生态系统综合管理，加大生态环境整治和治理力度。

　　中国国土辽阔，但是也受到了土壤退化、沙漠化、盐碱化以及自然灾害引发的影响。土壤上层的破坏，会导致土壤侵蚀、松散并形成大量沙地，进一步导致沙漠形成、沙尘暴增加，中国政府推动"洁净土地"计划，取得良好效果（见表8—3）。

表8—3　　　　　　　　中国"洁净土地"战役的主要方面

土壤污染、退化的原因	土壤污染、退化的应对措施
工业废弃物	—强化工业废弃物控制措施； —采用最新的环境友好型技术和回收利用方法
农用土地使用化肥	—减少农药和化肥的使用
土壤盐碱化	—完善旱地灌溉系统的管理
无节制的土地耕作	—粗放型农业向集约型农业转变
大规模牛群放牧	—牧场区域恢复
大规模采伐森林	—严格控制森林采伐； —恢复森林植被

资料来源：笔者来源。

　　中国用世界最少的耕地，养活了最多的人口，这一成就无疑是巨大的。目前中国人均耕地面积为0.1公顷，不到世界平均值的一半。[①]

---

　　① Fortrygina Ye. Ekologicheskiye problemy Kitaya//Otechestvennyye zapiski：zhurnal literaturnyy, politicheskiy i uchenyy. –2008. – No3（42）. – Rezhim dostupa：http：//www. strana-oz. ru/content/ ekologicheskiye-problemy-kitaya.

中国的经济体系和社会发展日渐成熟。工业革命和消费革命的最终阶段会出现生态革命。中国为解决环境问题投入了大量资金。在"十二五"计划（2011—2015 年）中，中国投入了 5 万亿元人民币（8000 多亿美元）用于环保，到了 2015 年，中国的环保支出几乎是 2011 年的两倍半。[①]

环保投资规模还在不断扩大。在截至 2015 年的时期里，中国计划投入 34000 亿元人民币用于环保领域。中国的舆论界也在大声疾呼，号召发展中国的循环经济，增加节能低碳产业的比例，集中精力打好治污攻坚战。2013 年到 2017 年，中国投入空气污染防治的资金为 17500 亿元人民币。中国环境保护部环境规划院副院长王金南说："一大部分资金将用于三个项目的实施。大约 1054 亿美元的资金将直接拨给加工业，另外 807 亿美元拨给替代能源产业，到 2017 年用于交通运输车辆污染治理的资金将达到 346 亿美元。"[②]

结　论

中国共产党第十九次全国代表大会制定了美丽中国建

[①] Salitskiy A. Kitay：moshchnyy start ekologicheskoy revolyutsii/A. Salitskiy, S. Chesnokova, A. Shakhmatov//Perspektivy：elektronnyy zhurnal. – Rezhim dostupa：http：//www. perspektivy. info/history/kitaj_ moshhnyj_start_ekologicheskoj_revolucii_2015 – 03 – 23. htm.

[②] Kitay mozhet vlozhit' k 2017 godu v proyekty po zashchite okruzhayushchey sredy do 290 mlrd dollarov. Ekologicheskiy novosti//Ekologiya proizvodstva：nauchno-prakticheskiy portal. – Rezhim dostupa：http：//www. ecoindustry. ru/news/view/38324. html.

设的方略。在强调坚持科学发展和加快转变经济增长方式的同时，最令人关注的是建设生态文明，包括尊重自然、顺应自然、保护自然。

中国领导人坚持节约资源、保护环境的基本国策，将生态文明建设与经济、政治、文化和社会建设的所有方面和过程联系在一起。只有通过这些努力，才能提高人们的环保意识，完善生态系统，保障生态安全，改善中国的环境状况。

中国领导人相信，良好的环境也是公共福利。因此有必要处理好经济发展与环境保护之间的关系，有必要始终坚持保护环境就是保护生产力的理念，生态环境改善等同于生产力的提高。主动促进"绿色"进步、循环经济和低碳发展是必要的，为使经济快速增长而牺牲环境的做法是绝对不可取的，因为：绿水青山才是真正的金山银山。

第 九 章

语言与文化研究对"一带一路"沿线
国家和人民人文交流的作用

Smaglii Valeriia[*]

语言与文化的相互关系和相互作用的问题，鉴于其研究方法的独创性，向来是许多科学家的研究领域并且引发了极大的兴趣和热烈的讨论。

这一领域的研究与语言和语言外因素间的相关性有关。已有研究方法不否认"语言与文化"的二分法，并且强调它在组织外语交流培训方面的重要作用。

在任何语言文化社区中，语言功能都旨在为其成员所有社会文化的需要"服务"，反过来，他们也有能力影响语言，以满足他们的基本需求。不同民族的语言和文化都应

---

* Smaglii Valeriia，博士，乌克兰国立敖德萨海事大学副教授，职业英语教研室主任。

被看作是人类精神文化的组成部分，就这些被人们理解、认知和描述的文化而言，记录其中的国家形象构成了它们共有的要素。①

作为文化的科学研究的首要对象（E. 撒皮尔），开创人类精神交流和国家合作的语言日益重要而且在各种文化对话过程中扮演着一个特殊工具的角色。一方面，文化追求共性，而另一方面，它也追求绝对的独特性（N. S. 特鲁贝特斯科伊）。这诠释了人们对"文化"和"人的因素"（首先是民族的因素）现象的浓厚兴趣。

如今，最重要的不是作为思维组成部分的认知，而是相互理解。② 这就激发人们去开始研究语言——文化——个性这一互动线。

受到语言哲学家、语言学家和教师们关注的这类研究在近几十年来成了"要培育"的沃土。

近年来的研究表明，对传统语言和国家的研究（在外语教学中提供文化资料介绍的科学学科）（E. M. 韦列夏金、V. G. 科斯托马洛夫）中获得的各种资料进行修订（Yu. E. 普罗霍洛夫）已是一种常态。

此外，语言学家的教育也包括了一个必修的"文化部

---

① Andreychina K Komparatsiya semanticheskikh doley fona slova kak priyom v napisanii oriyen-tirovannykh statey v lingvostranovedcheskom slovare, – Sb. : Iz opyta sozdaniya lingvostranovedcheskikh posobiy po russkomu yazyku. – M. : Izd – vo MGU, 1977, S. 148 – 155.

② Arutyunov S. A. Etnograficheskaya nauka i izucheniye kul'turnoy dinamiki. – V kn. : Issledo-vaniya po obshchey etnografii. – M. : Nauka, 1979, s. 25 – 32.

分"，因为研究生所接受的专业课程被称为"语言学和跨文化的交流"。据此，未来的专家将接受所谓的"文化对话"培训，无论其未来研究活动的范围如何。①

参与文化对话既意味着要熟悉被研究语言的国家的文化，也意味着通过"本地人"的棱镜形成"文化转向时的个性"，反之亦然，这与比较能力的形成直接相关。为此，在 20 世纪 70 年代末期至 80 年代初期，语言和国家的比较研究站在了实现和解决国家重点交流培训这一目的和问题的前沿（V. V. 萨法诺娃、V. P. 富尔玛诺娃）。

然而，在没有形成独立的科学学科也没有让位给文化语言学——以研究语言文化的一般理论问题为指导的新科学学科的情况下，语言和国家的比较研究在几乎没有出现时便销声匿迹（V. V. 沃罗博伊夫）。

本章的研究的相关性源于几个因素。

第一，语言和文化的问题直接涉及了语言科学的发展，这就要求对语言学以外的因素进行详细的研究，并与跨学科的科学（社会学、心理学、民族志学、文化学）紧密相连。②

第二，在文化对话过程中加强国际交往和实现国家间

① Volina V. V. Frazeologicheskiy slovar'. – M. : Ast-Press, 1997. – 96.

② Kostomarov V. G. , Burvikova N. D. Yedinitsy semioticheskoy sistemy russkogo yazyka kak predmet opisaniya i usvoyeniya. – Materialy IX Kongressa MAPRYAL. Doklady i soobshcheniya rossiyskikh uchonykh v Bratislave. – M. , 1999, s. 252 – 260.

的相互理解要求在相关的民族语言和语言教学的研究中寻找解决语言和文化交流的新途径。在跨民族和跨文化的交流中对每个国家的语言和文化进行详细说明是成功的语言培训的必要条件。

第三，近年来，人类学因素被纳入了语言的研究之中，其目的是分析一个人是如何使用语言来作为一种交流手段。

第四，从比较分析的角度来看，作为跨文化交流的一种手段，语言的培训要求在"语言与文化"这一问题中发展新的理论方法。

我们研究的目的是从比较的角度出发，对外语在它与文化互动中的作用进行描述和研究，找到理论依据。

本研究说明了这样一个事实：只有在对语言进行比较并掌握其民族文化特性的基础上，作为一种交流手段的外语教学才可以被认为是有效的，才能使交流者相互理解。

本研究的主题是提名和文化交流方面的内容，它的语言文化——词汇和短语、熟语、格言、言语礼仪、手语、日常行为语言、文学文本以及通过与其他语言和文化的比较分析其内容。

研究对象是被分析的单元结构中所反映出来的以及在作为一种跨文化交流手段的外语习得过程中所表现出来的文化特性。

通过研究语言和文化使得掌握"区域地理的能力"——"一套关于对象语言国家的知识"以及为跨文化

交流提供一定水平的技能和能力成为当务之急。

上述能力的形成与语言学、社会学、心理学、文化学等相关科学的介入密不可分，而这构成了语言和国家的比较研究的理论基础。此外，我们将进一步地对与语言和国家的比较研究相关的科学部分进行分析。

在语言和国家的比较研究理论基础中，各种伴随其形成和发展的历史，与"传统的"语言和国家的研究有着不可分割的联系；同时，鉴于其在科学研究中的反映以及在现代语言学领域中的实际应用，它们也与对其主题、目标和目的以及对其概念内容的既有和现代观点的本质的理解密不可分。

就语言和国家的比较研究而言，另一门特别重要的学科是包括比较符号学在内的对比语言学，它是语言学的一部分，是借助认知系统通过其"测量"来研究两种或两种以上的语言的词汇系统。

语言和国家的比较研究的理论基础不可能离开民族志学——它揭示了每一种文化的原创性及其构成要素：物质文化、普通意识、宗教仪式、民族形象、民族标志、民族礼仪、民族传统、民族习俗、规矩、价值取向。要了解每一种文化的具体情况，就有必要在二分法的框架内加以考虑。

在过去的十年中，有一种趋势是将语言和国家的比较研究与语言文化学相结合，而这发展了诸如"语言文化"

"民族学""从比较的角度描述世界的语言图景"等概念。

社会学和社会语言学为语言和国家的比较研究提供了诸如"文化""文明""地方文化""文化学和民族志学""跨文化交流"等概念。

民族心理学和民族语言学将比较语言学引向了解决民族文化方面永恒且紧迫的交流问题,对属于不同语言和文化的人的言语和非言语行为的具体问题进行研究。

在词汇层面,因为它是语言文化或具有文化成分的词汇,即非对等的、部分不对等的、语境的和内涵的。充分理解词汇语境(在语言和国家研究方面)与文化意义(从语言文化学的角度)的相关性以及"文化内涵"现象对本语言而言至关重要。

我们的研究结果表明,大多数的语言文化都属于语境词汇和内涵范畴。我们认为,这种分布直接取决于与之相比较的文化接触度——偏远度:彼此文化间的间隔越远,相应的语言文化就越具有鲜明的文化内涵,反之亦然。

比较语言学研究的第二个层面是短语层面。应该指出,这一层面的特点是存在着数量最多的短语(词组)单位——语言文化,其结构包括语境词汇。

从逻辑上讲,短语层面的研究是对格言层面、谚语层面和俗语层面的补充。调查结果表明,大量的格言差异源于语言性以外的问题。

研究言语礼仪、手语和日常行为等问题对于理解跨文化交流方式的文化特征具有重要的意义。已有分析让我们可以得出差异的根源是语言外领域的这一结论：民族心理、自然气候条件、宗教信仰、生活方式等，与文化直接相关。

对艺术文本的考察在语言和国家的比较研究中占据着重要的地位，因为它旨在再现某种存在的画面，代表了一个反映道德、心理、感官等传统的复杂系统，以及直接依赖于社会文化、心理和审美等因素的系统。艺术文本应该从两个不同的角度来看待：（1）从其自身所表现的民族文化的角度看——主格单元（语言文化）；（2）从不同语言和文化的承载着对其民族和文化的特征的认知和理解的角度来看。

作为一门应用型学科，语言和国家的比较研究在外语教学的理论和实践中起着一个重要的作用。语言和国家的比较研究的方向可归纳如下：（1）从接受外语教育的人的民族性的角度，确定选择具有传播意义的材料原则；（2）开设面向全国的教程；（3）创作具有民族文化取向的阅读书籍；（4）筹备面向全国的特别课程；（5）在考虑受教育者的民族文化的情况下编纂语言和国家研究词典。

比较语言学的另一个重要的应用方面是具有艺术性的翻译教学，它是文化语言的一种互动形式。同时，译者在翻译过程中要不断寻求"文化内"和"跨文化"之间的平衡，因为忽视后者会导致文本失去文化的色彩。

语言和国家的比较研究因其特殊性，研究的方法和手段而有所不同，这不仅可以在其他科学学科中突出这一学科，而且还可以为所研究的语言和国家研究的素材提供民族文化内涵的阐释并使之形式化，这对促进文明交流与对话具有秉承的价值与意义。

第十章

"美人之美，美美与共"：跨越语言障碍促进跨文化交流

Rosina Shevchenko[*]

长期以来，对跨文化交流中语言的本质和起源，语言交流障碍形成的特点以及这种现象的社会和心理本质的各个方面进行分析已成为研究学者、经营者、旅行者及其他人感兴趣的问题。

每年访问中国的人数都会因为某种原因而增加。这一客观规律是因为近几十年来中国在经济成功国家名单中居于领先的位置。中国每年都在发展和增强其经济的发展潜力，这树立了中国在世界舞台上的独特与吸引力。

为了了解中国的哲学、传统和文化，许多人决定学习

---

* Rosina Shevchenko，心理学博士，乌克兰国立敖德萨海事大学副教授、实验心理学研究室主任。

汉语。做出这一决定的多是那些与中国企业做生意的人、大学生以及决定在这个国家接受教育的人。针对这一发展趋势,中国开设了大量的、提供留学生教育服务的高等教育机构。

根据中国教育部公布的数据,有超过一万名来自独联体国家的学生正在中国接受高等教育。

根据统计研究,他们中的大多数人是来学习中文的。同时,约占总数5%的独联体国家学生学习银行业务、法律、医学以及接受工程和建筑方面的教育。大部分的大学毕业生成为经济学、管理学、工商管理和中国文化领域的汉语专家。

据在中国大学学习的学生们讲,第一年是最困难的一年。在最常听到的原因中,人们分别提到的是对文化的掌握、对传统的理解和语言障碍。

根据所列举的情况,语言障碍、跨文化的交流以及社会适应性是克服跨文化交流障碍过程中亟待解决的问题。

在掌握外语的过程中,一个人面临着的语言障碍。汉语普通话是中国的通用语言,鉴于中国的文化和传统,中国也存在有1500多种方言。

1955年,普通话被中华人民共和国政府正式批准为国家通用语言。

对于学习中国语言的人来说,掌握普通话更容易,因为普通话的语法和语音的组织相对简单。

在学习外语的过程中出现的问题不仅包括语言障碍，还包括心理上对使用这种进行交流害怕词不达意的担心。

外语学习中最常见的问题之一是应答者对基本概念的掌握以及他们本人不会使用的词汇的积累。

在掌握一门外语的过程中，有主动和被动的词汇形成。在心理语言学中，被动词汇被看作是"一组每个讲母语的人都能理解的词汇单元，而这些词汇单元不是学习者可以在言语中自由、无意识地运用"。这样，就形成了一个潜在的可供使用的词典。

主动词汇在建立交流的过程中起着最为重要的作用，因为它包含了被主语频繁和积极使用的单词和修辞格。

语言障碍和跨文化交流中最常见的问题之一是将词库中的被动词汇转化为主动词汇。被动词汇很难转化为主动词汇。

与另一种语言进行交流不仅意味着要克服语言的障碍，而且还意味着要克服跨文化的障碍。

在我们的研究中，我们根据我们的观点详述了跨文化交流在某些方面的重要作用。

在组织和形成言语时，我们确信它有我们想要表达的意思。然而，在交流实践中，应答者暗指而未公开说出来的潜台词是非常重要的。对话者不仅要在倾听讲话时而且要在关注他在构建这种类型的互动中所获得的经验及依赖固有观念时（民族的、种族的、性别的固有观念，等等）

能理解我们。

在解释对话者的话语时,我们还试图考虑他的非语言言语。根据不同的统计,交流的非语言部分占到了信息内容的60%—80%。

在解读应答者的举止、模仿和手势时,文化差异会对某些固有观念造成影响。

这种解释的谬误可能是,应答者在交流的形成过程中会使用自己的文化中的俗语,而这种俗语可以在另一种文化环境中不一定得到完全解读。

在建立交流时,我们会做出一个意想不到的假设,即所有的人"基本上是一样的";因此,在建立一个新的交流时,你可以参考已经积累的、完善了的交流模式。

相互理解可能在于这样一个事实,即虽然应答者形成的各种言语互动模型在代表自己的文化时表现出了自身的有效性,但是在与其他文化互动时就可能会变得无效或有悖于预期的结果。

作为跨文化交流的参与者,除其意愿之外,应答者还经常凭借自己的意思记录对方的暗示、面部表情和行为举止等,而在许多情况下,它们都是受固有观念的传播经验的影响而形成的。一类问题是因应答者的固有观念而形成。每个人都有一定的经验,人们对概括的倾向形成了不同文化的代表形象。

渴望学习另一种文化,了解其代表的行为,从而促使自身适应新的文化环境。由于缺乏相关的信息，应答者会设法理解缺少的部分。

在新的文化环境中建立交流时，应答者由于缺乏及时、全面地解读对方的暗示和行为的能力而会产生情绪焦虑与心理和生理上的紧张。

形象、对合作伙伴的尊重程度以及应答者的自身修养都可以起到一定作用。

在跨文化交流形成的过程中，所有这一切都对应答者的心理情感产生了额外的影响。

如果参与者思考和表达是相同的，那么跨文化的交流则是有效的。如果应答者遵循类似的价值观体系，那么解释自己的推理则是有可能的。

个体价值观体系的形成在很大程度上取决于个体的文化认同。在现代世界中，可以追溯两种主要的趋势：西方文化和东方文化。西方文化和东方文化的显著差异对这些文化的代表的价值观体系产生了深刻的影响，这将不可避免地影响到人们的生活方式及行为方式。

西方文化更注重发展的动力和以人为本的世界秩序的价值观。科技世界的优先地位和相对于精神文化的物质文化的优越性往往导致在完全以西方文化为价值取向的社会中精神生活的某种不平衡。

东方文化更多的是基于传统、经验的世界观及其在世界中的位置，人们追求"天人合一"的哲学和精神境界。

不同文化的代表之间客观存在的心理差异在对世界的态度上以及在主体的互动行为上都留下了印记。因此,与另一种文化的代表建立关系时,必须考虑到所述的规律性。

因此,促进不同文化之间的接触和交流,跨越语言障碍,促进"美人之美,美美与共"的文明交流与互鉴。

在语言障碍和形成有效的跨文化交流中最常见的问题包括:将被动词汇转化为主动词汇的困难;交流主体对不同文化的归属以及由此产生的价值观、世界观、自我感知的差异;基本行为模式和对自己、事业及他人等的态度方面的差异;交流主体心态上的差异。就掌握另一种语言、克服交流中的语言障碍从而形成最有效的语言而言,对另一种文化规范的适应问题需要更多的研究。

第三篇

丝路发展与中国发展经验

第十一章

基本公共服务均等化视角下的
城市住房保障满意度研究

——基于全国社会态度与社会发展状况调查[*]

吴　莹[**]

一　引言

"各安其居而乐其业"，人民的美好幸福生活离不开安定的居所。我国的住房体系在 1998 年住房制度改革废除以单位为基础的公共住房制度之后，逐步形成以商品房和保障性住房相结合的多层次供应体系。普通商品房成为市场供应的主体，经济适用房公租房和廉租房相辅的住房体系。

　　[*] 本研究为国家社科基金一般项目"就地城镇化背景下的农转居社区发展与基层治理研究"（项目号：16BSH124，主持人：吴莹）的阶段性成果。
　　[**] 吴莹，博士、博士后，中国社会科学院社会发展战略研究院副研究员。

2003 年发布的《国务院关于促进房地产市场持续健康发展的通知》，提出将房地产行业作为拉动国民经济增长的支柱产业，在有效促进人均住房面积增加同时，也刺激了住房投资需求，住房保障属性有所忽视。

自 2007 年起，《关于解决城市低收入家庭住房困难的若干意见》等若干政策意见的出台，政府将解决低收入家庭住房困难纳入政府公共服务职能。党的十八大提出了"学有所教、劳有所得、病有所医、老有所养、住有所居"五大社会建设目标，强调了对于居住权的保障；党的十九大进一步强调，要"加快建立多主体供给、多渠道保障、租购并举的住房制度，让全体人民住有所居"。2017 年 1 月国务院印发的《"十三五"推进基本公共服务均等化规划》，将"基本住房保障"作为实施基本公共服务均等化的重要内容之一，提出"国家建立健全基本住房保障制度，加大保障性安居工程建设力度，加快解决城镇居民基本住房问题和农村困难群众住房安全问题，更好保障住有所居"。可见，实现基本住房保障，已被明确为是基本公共服务均等化的重要内容和实现路径。

当前关于住房保障均等化的研究主要是针对特定群体的分析，例如由于户籍制度的限制而在城市中获取住房面临更大障碍的农民工群体，[①] 但关于住房保障的满意度却缺乏系统的评估。那么，广大民众对于政府的住房保障状况是否满意？不同地区和群体之间是否存在差异？本文从基本公共服务均等化的视角出发，利用中国社会科学院社会发展战略研究院 2016 年的全国社会态度与社会发展状况调查数据，对城市居民的住房满意度进行分析。

二　研究背景

基本公共服务是以一定时期经济社会发展水平为基础，在社会共识的基础上，政府为维护经济社会的稳定和发展、保障公民的基本生存和发展权利、实现社会公平与正义而提供的公共产品与服务。[②] 居住作为人类的基本权力和生存要求，我国的土地公有制决定了住房保障逻辑的合理性，以及大众对于住房保障普遍愿望，使得住房保障成为基本公共服务的重要内容之一，[③] 甚至在调查中被民众认为是最应当实现均等化的基本公共服务内容。[④]

---

① 林晨蕾、郑庆昌：《公共服务均等化视角下新生代农民工住房保障模式选择——公共租赁房优势与发展路径》，《理论与改革》2015 年第 3 期。

② 常修泽：《中国现阶段基本公共服务均等化研究》，《中共天津市委党校学报》2007 年第 9 卷第 2 期；陈昌盛、蔡跃洲：《中国政府公共服务：基本价值取向与综合绩效评估》，《财政研究》2007 年第 6 期。

③ 周雪飞：《住房保障均等化的现实性探究——由成都城乡住房保障均等化引发的启示》，《行政事业资产与财务》2012 年第 2 期。

④ 人民论坛《千人问卷》调查组：《"基本公共服务均等化"离我们还有多远》，《人民论坛》2007 年第 24 期。

作为基本公共服务均等化内容之一的住房保障状况应当如何评估呢？从财政支出结构来衡量基本公共服务均等化是最直观、明显的方式。由于基本公共服务是由政府提供的，政府的财政支出结构直观地反映了政府职能的配置状况，能够清晰地表明政府在各个公共服务领域的支出情况。财政投入的状况在相当程度上决定了基本公共服务的数量和质量，因此被认为是衡量基本公共服务均等状况的有效指标。[1] 从产出效果，即基本公共服务的服务供给能力来评估其均等化水平也是被学界广泛采用的方法。卢洪友[2]提出的"投入—产出—受益"三个维度的评估框架就是同时将基本公共服务财政支持力度（投入指标）、基本公共服务的服务供给能力（产出指标）和与该项基本公共服务密切对应的社会效应及居民的惠及程度（受益指标）纳入考查的范围。徐翠枚[3]关于住房保障的评估就是采用"投入—产出—受益"三个维度的评估框架，其采用的 5 个指标——城镇人均住房面积、农村人均住房面积、城镇开工建设保障性住房套数、农村危房改造套数和人均财政性住房保障支出额，分别反应的就是住房水平（产出指标）、住房受益范围（受益指标）和住房投入水平（投入指标）。

---

[1]　项继权、袁方成：《我国基本公共服务均等化的财政投入与需求分析》，《公共行政评论》2008 年第 1 卷第 3 期。

[2]　卢洪友：《中国基本公共服务均等化进程报告》，人民出版社 2012 年版。

[3]　徐翠枚：《基本公共服务均等化水平指标体系研究——以海南为例》，《调研世界》2014 年第 3 期。

　　针对公民基本生存权和发展权而规划、设计、实施的基本公共服务与公众的满意度有天然的密切联系，随着政府行政理念从"以政府为中心"的管理向"以公众为中心"的服务转变，关于基本公共服务供给状况的评估重点也从传统的数量转向质量和满意度的评估。[①] 王敬尧、叶成[②]就是直接从基础教育和医疗卫生服务两个领域的居民公共服务满意度来考查公共服务的均等化水平，并发现公共服务的供给数量并不能对居民满意度起到决定性影响，服务产出量与居民感受度之间并不能简单画上等号。而在引入居民感受度进行住房保障评估方面，徐跃进等人[③]做了有益的尝试。他们通过构建住房相对剥夺感指标，将个体感知到的公平感作为评价城镇居民家庭住房分配公平状况的基础，并发现在东、中、西部地区之间，住房分配公平程度存在差异。

　　住房保障主要是发挥对居民基本住房"托底"的功效，针对无力购房的低收入群体、新就业人员、"夹心层"等特定人群，政策性住房涵盖的范围实际上具有群体的针对性。但是，政府对住房价格的调控、各类住房相关政策的出台和制度的落实执行，也在客观上影响着群众对作为一项基

---

① 董丽：《基本公共服务质量评价问题研究》，博士学位论文，吉林大学，2015 年。

② 王敬尧、叶成：《基本公共服务均等化的评估指标分析》，《武汉大学大学报》（哲学社会科学版）2014 年第 4 期。

③ 徐跃进、吴璟、刘洪玉：《基于相对剥夺感指标的住房分配公平评价》，《建筑经济》2016 年第 7 期。

本公共服务的"住房保障"的关注。而关于公共服务的均等化评估的研究也强调，财政资金投入和服务供给数量都无法取代居民的满意度水平，即主观感受到的结果比过程更重要，居民满意度是衡量基本公共服务均等化程度的重要指标之一。因此，本章从主观感受的角度来评估公众作为基本公共服务内容之一的住房保障的满意度，来说明中国特色住房保障体系的变化脉络，及对实现中国"住有所居"目标的重要意义。

三 研究设计与数据收集

"新公共管理运动"的兴起，将绩效管理与评估、成本与效率、顾客至上与服务意识、市场竞争机制等引入政府公共部门的管理中。正是在这一时期，原先用于企业测量顾客对其产品和服务满意度的顾客满意度指数模型（The Customer Satisfaction Index，CSI）被引入，许多国家都基于此建立模型，用于评价公共部门，例如瑞典的SCSB模型、德国的DK模型、韩国的KCSI模型等。从1999年开始，美国也开始运用ACSI模型来测量公众对政府服务的满意度，并成立ACSI官方网站，每季度公布数据，为政府改进服务、制定政策提供重要的参考指标。[①]
国内对于公共服务的满意度评估也较早引入了顾客满意度
指数模型[②]。

　　本章从基本公共服务均等化的视角对住房保障的评价
主要是基于公众的主观感受，分析其对所在城市住房保障
服务的可及性和便捷性评价，以及对住房保障状况的满意
度和未来预期，在通过比较不同地区、群体之间的差异来
考察其均等化程度。

（一）指标体系

　　基于"顾客满意度指数"模型，本章通过调整和修订，
从服务感知、满意度和信息指数三个方面，构建了基于基
本公共服务均等化视角的住房保障满意度评估指标体系
（见表11—1）。对于一般性的公共服务，如何华兵、刘武等
人的研究，可以从更广泛的角度来观测公众基于公共服务
的满意度而形成的顾客忠诚、顾客信任等评价维度。但对
于住房保障来说，保障的内容和目标群体很明确，大部分
公众并不是这一公共服务的直接受益者，他们是通过自己

---

　　① 何华兵：《基本公共服务均等化满意度测评体系的建构与应用》，《中国行政管理》2012
年第3期。

　　② 刘武、杨雪：《中国高等教育顾客满意度指数模型的构建》，《公共管理学报》2007年第
1期；孙宇、刘武、范明雷：《基于顾客满意度的公共服务绩效测评——以沈阳市为例》，《沈阳
大学学报》2009年第1期；马秀玲、张宾：《县级政府公共服务公民满意度研究——基于广东、
河南、甘肃三县问卷调查的比较分析》，《兰州大学学报》（社会科学版）2016年第1期。

对这一服务供给状况的感知来做出判断和预期，因此我们将评价主要集中公众对住房保障服务的感知、对住房保障满意度和对住房保障未来预期三个方面来进行。

表11—1 住房保障满意度评价指标体系

维度	指标	操作化	答案选项
服务感知	可及性	您所在的城市是否有公共租赁住房或廉租房？	1. 有；2. 没有；3. 不知道
	便捷度	您所在的城市的公共租赁住房或廉租房服务是否方便？	1. 方便；2. 不方便；3. 不知道
满意度		您所在的城市的住房保障状况是否满意？	1. 很满意；2. 较满意；3. 一般；4. 较不满意；5. 很不满意
未来预期		您觉得所在的城市的住房保障状况未来三年会怎么变化？	1. 变好；2. 不变；3. 变差

资料来源：笔者自制。

（二）数据收集

本章采用中国社会科学院社会发展战略研究院于2016年5月至8月实施得"中国社会发展与社会态度问卷调查"数据。该调查针对社会发展、政府信任、公共服务等多个项目进行了系统地调查研究，拟推论的总体是中国大陆城镇地区居住的16岁及以上的人口。调查采用多阶段（市辖区、县级市—居委会—家庭户—个人）复杂抽样设计，按照 PPS 原则（与人口规模成比例）在全国 853 个市辖区和 370 个县级市中抽取了 60 个市区作为初级抽样单位（PSU），这些市区分布于 25 个省、自治区和直辖市。接着按简单随机原则，在每个抽中的县级市、市辖区的所有社区居委会中抽取 9 个社区居委会，共抽取了 540 个社区居委会作为最终单位（SSU）。在每个社区内，按照等距抽样原则抽取家庭户，最终借助 Kish 随机表完成户内抽人。该调查共获得有效样本 7971 份。

四　数据分析及发现

（一）基本住房状况

根据数据，受访者中有 14.6% 是租房居住，有 14.9% 是居住在自建房中（由于调查均是在城市中进行，因此这类自建房主要是城中村或老社区中的自建住房），有 62.1% 是居住在自购房中。具体而言，有 42.3% 的人是购买商品房，7.9% 的人购买的经济适用房，11.9% 是购买的原公有住房。另外，近年来在快速城镇化过程中，有大量农村"撤村并居"，农民回迁上楼，因此还有 6.2% 的受访者是居住在回迁房。

如果进一步区分户口所在地的话，本地户籍人口和外地户籍人口在住房状况上的差异还是比较明显的。外地户籍人口主要以租住为主，租房比例达到 39.2%，其次就是自己购买商品房，比例为 33.4% 。而本地户籍人口的租房比例较低，仅为 11.0% ，而购买原公房的比例和回迁房的比例也比外地人口分别高出近 10 个百分点和 5 个百分点。但是在购买经济适用房的比例上，本地户籍和外地户籍人口之间未见明显差异（见表 11—2）。

表 11—2 受访者现有住房性质 （单位:%）

	租赁住房	自建住房	购买			回迁房	其他
			商品房	经济适用房	原公房		
总体	14.6	14.9	42.3	7.9	11.9	6.2	2.0
本地户口（n=6872）	11.0	15.3	43.7	7.9	13.2	6.8	2.1
外地户口（n=1017）	39.2	12.0	33.4	8.1	4.0	2.0	1.6
低收入（n=1905）	16.1	18.9	37.7	5.2	11.0	7.9	3.1
中低收入（n=2445）	15.4	14.4	40.9	6.4	14.8	6.8	1.3
中等收入（n=2585）	12.6	13.5	46.6	8.7	11.9	4.8	1.9
中高收入（n=553）	11.0	13.6	49.2	11.9	8.7	4.2	1.4
高收入（n=53）	13.2	18.9	32.1	17.0	11.3	7.5	0.0

资料来源：笔者自制。

问卷中也对受访者的收入状况进行询问，但拒答者较多，因此采用受访者对自我收入的定位未作为收入分层的标准。[1]

---

[1] 受访者被问到"如果整个社会由下到上分为十层（第一层代表最低，第十层代表最高），您认为您的收入属于第几层?"按照回答，第一、二层属于低收入群体（24.0%），第三、四层属于中低收入群体（30.9%），第五、六层属于中等收入群体（32.6%），第七、八层属于中高收入群体（7.0%），第九、十层属于高收入群体（0.7%），另有4.8%未回答。

人们的地位层级认同下移是普遍现象,① 本调查的数据也显示出,受访者认为自己的经济收入认同偏低,低收入、中低收入的群体比重较大,而自我认同为中高收入或高收入群体的比重较低。分析五个收入层级群体的住房状况可以发现（见表11—3）,随着收入的增加,租住、自建房和回迁房的比例下降,而购房尤其是购买商品房的比例上升。并且值得注意的是,经济适用房这一旨在解决"夹心层"住房问题的保障性质的住房,也并未集中于中低收入群体,反而是收入越高的群体中购买经济适用房的比例越高。这也说明了大量经济适用房未能如政策设计那样,准确覆盖目标群体。

调查也询问了受访者是否拥有住房公积金,数据显示,总体上只有38.4%的受访者明确表示有住房公积金,59.6%表示没有,2.0%表示不清楚。而进一步分单位类型来看发现,不同单位之间差异显著。党政机关的职工74.7%都表示自己有住房公积金,其次是事业单位的职工,拥有率也达到66.6%。而个体工商户中拥有住房公积金的比例极低,仅为12.6%（见图11—1）。按照《住房公积金的管理条例》规定,住房公积金属于普遍性、强制性保障,所有城镇在职职工,无论其工作单位性质如何,都应被覆盖。但数据显示出,仍有相当多的在职职工未能享受这一

---

① 高勇:《地位层级认同为何下移——兼论地位层级认同基础的转变》,《社会》2013年第4期。

保障，而个体工商户这类就业单位，由于情况复杂，更是难以获得住房公积金的保障。

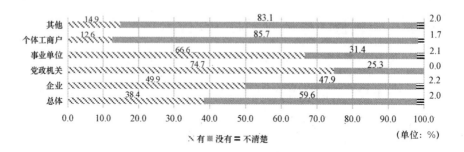

图11—1 分单位类型住房公积金覆盖率

资料来源：笔者自制。

（二）居民对本地住房保障服务的感知

按照上述满意度指标体系来分析民众对住房保障各个方面的评价。在服务感知方面，公众对于所在城市公共租赁住房或廉租房等保障性住房的情况知晓度一般，仅有68.0%的受访者肯定所在城市有这类住房，17.9%表示不知道。虽然公租房和廉租房并非覆盖所有城市，但在14.2%表示没有这类住房的受访者中，不乏北京、天津、哈尔滨、武汉、宁波等城市的居民，可见有相当一部分受访者是由于不了解情况而选择"没有"。同时，分析保障性住房的潜在目标群体①的知晓度发现，这些潜在群体对于保障性住房

---

① 本章将自我收入定位为低收入且租赁住房的受访者作为公租房和廉租房的潜在政策目标群体。

的知晓度反而低于一般民众。潜在群体中，仅有 59.9% 的受访者表示明确知道所在城市有公租房和廉租房，而 21.2% 则表示"不知道"（见表 11—3）。

表 11—3　　　　　　　　受访者住房保障服务感知评价　　　（单位：%）

问题	您所在的城市是否有公共租赁住房或廉租房（知晓度）			您所在的城市的公共租赁住房或廉租房服务是否方便（便捷度）		
	有	没有	不知道	方便	不方便	不知道
总体	68.0	14.2	17.9	54.2	29.6	16.2
潜在群体（n = 307）	59.9	18.9	21.2	52.2	32.4	15.4

资料来源：笔者自制。

对于保障性住房的便捷度评价也不容乐观。总体上，有 54.2% 的受访者表示申请这类服务"方便"，29.6% 的受访者则表示"不方便"。对于潜在政策目标群体，表示该服务申请不便的比例更是高达 32.4%。这种知晓度偏低、便捷度评价不高的状况说明，一般公众对于公租房和廉租房等保障性住房的服务感知评价一般，而潜在群体的评价偏低更说明这类政策性住房在改善和促进目标群体的生活和发展状况方面的作用有限。

（三）居民对住房保障的满意度

进一步询问受访者对所在城市的住房保障情况的满意度发现，总体上，40.5% 的受访者认为一般，表示满意的

（包括很满意和较满意）占33.7%，表示不满意的（包括较不满意和很不满意）占19.2%（见表11—4）。分别考察不同户籍类型和不同户籍属地人群关于住房保障满意度的评价发现，非农业户籍受访者的满意度略高于农业户籍人群，本地人的满意度略高于外地人，并且户籍类型与满意度、户籍属地与满意度均在0.1的水平上呈现显著相关。这说明，住房保障作为一类基本公共服务在居民获得感方面还存在一定的群际差异，均等化程度有待进一步提高。

表11—4　　　　　　　　　　住房保障状况满意度　　　　　　（单位：%）

	很满意	较满意	一般	较不满意	很不满意	不知道
总体	7.5	26.2	40.5	13.5	5.7	6.7
农业户籍	6.9	24.4	41.3	14.0	5.9	7.5
非农业户籍	7.7	26.9	40.3	13.2	5.6	6.3
本地户口	7.7	26.3	40.4	13.3	5.8	6.5
外地户口	6.0	25.5	41.4	14.8	4.4	7.9

资料来源：笔者自制。

而分地区来看则发现，东部、中部、西部和东北部地区的受访者对于当地的住房保障满意度也存在显著差别。东部地区的受访者满意度较高，表示很满意和较满意的比例分别达到11.4%和30.5%，均为各地区之首，而不满意（包括较不满意和很不满意）的比例仅为15.5%，为各地区间最低。相对而言，中部地区受访者对于所在城市住房保障的满意度较低，很满意的比例仅为 5.1%，而不满意（包括较不满意和很不满意）比例高达 22.2%（见图 11—2）。

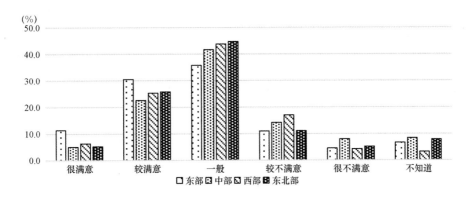

图 11—2　受访者分地区住房保障满意度评价

资料来源：笔者自制。

（四）居民对本地住房保障的未来预期

当问及对当地住房保障状况未来三年的变化时，大部分受访者还是持比较乐观的态度，45.5% 人认为会变好，只有 5.9% 的人会变差。但是区分受访者的就业单位类型来看就会发现差别，在党政机关工作的受访者对于住房保障的未来变化最有信心，认为住房保障会变好的达到 54.7%，为各群体中最高；而在企业中工作的受访者则信心稍显不足，认为会变好的仅有 41.5%，而变差的比例则达到 7.7%。另外，个体工商户对于住房保障未来预期不明的比例较高，选择"说不清"的受访者达到了

10.2%（见表11—5）。

表11—5　　　　分单位类型对受访者住房保障的未来预期　　（单位：%）

	变好	没变化	变差	说不清
总体（n=4953）	45.5	38.7	5.9	10.0
党政机关（n=95）	54.7	29.5	7.4	8.4
事业单位（n=723）	45.5	38.9	5.9	9.7
企业（n=2207）	41.5	41.1	7.7	9.7
个体工商户（n=1679）	48.2	37.6	3.9	10.2

资料来源：笔者自制。

　　分收入水平来看不同群体对住房保障的未来预期发现，有55.8%的受访者认为未来三年所在城市的住房保障会有所改善，而中低收入群体，认为会变好的比例为43.9%。低收入群体对于住房保障的未来预期的不确定性最大，有

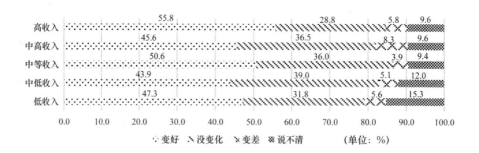

图11—3　分收入水平对住房保障未来预期

资料来源：笔者自制。

高达 15.3% 的受访者选择了"说不清"，这一方面显示了他们对于政策走向的不明朗，另一方面也说明了他们对改善前景信心不足（见图 11—3）。

结　论

本章从基本公共服务均等化的视角出发，利用 2016 年的全国调查对城镇居民的住房保障满意度进行评估。数据反映出，公众对当前我国住房保障的政策知晓度和服务便捷度存在地区间差异；公众对未来预期普遍持乐观态度，虽然不同就业单位和收入群体之间存在差异，但主流观点都是认为住房保障在可预见的未来会有所改善。

首先，我国住房保障的形式主要有实物配给和资金配给两种方式，前者包括廉租房、公租房、经济适用、限价房、定向安置房等，政府根据不同家庭收入水平来确定其保障方式；后者主要包括针对廉租房和公租房给予的住房补贴，以及针对城镇正式职工提供的住房公积金。住房公积金带有普遍性和强制性，在机关和事业单位的覆盖率较高，而在企业尤其是个体工商户中，比较低。

其次，住房保障满意度存在群际性和地区性差异。由于此次"全国社会态度与社会发展状况调查"还涉及基础设施、医疗卫生、教育服务、社会保险等多个，有的类别满意率高达 59%。同时，再加入户籍类型、户籍属地和地区因素进行比较后发现，农业人口与非农业人口，本地人与外地人，东、中、西、东北部地区之间，都有一定差异。这说明，住房保障方面的整体满意度仍有很大的提升空间，同时群际间和地区间的均等化水平也需加强。

最后，住房保障预期普遍较高，并与个人就业状况相关。虽然服务感知和满意度评价一般，但是受访者普遍对所在城市住房保障未来三年的前景预期持乐观态度，这说明公众对于政府的住房保障服务还是具有充分的信任和信心。但这种信心同样存在群体之间的差异，数据显示，在政府部门、事业单位等这类就业稳定的单位中的受访者，对于住房保障改善的信心更强，而个体工商户、低收入群体则对住房保障状况的未来走向较多地持观望和迟疑的态度。

住房是关系民生的头等大事，基于以上数据发现可知，在作为一类基本公共服务的住房保障方面，仍有很多工作要做，以满足人民对美好生活的向往，实现"住有所居"。要进一步完善保障性住房的申请、审核、管理、监管和退出机制。要根据当地实际情况和经济社会发展水平的变化，及时调整各类保障性住房的准入和退出条件，使得有限的公共资源真正发挥保障弱势群体的作用。既要加强宣传和提高管理水平，使得住房困难群体能够顺利申请入住廉租房、公租房等政策性住房，又要健全退出机制，加强保障对象信息动态监管，提供公共资源的适用效率。要合理住房保障资源的空间分布和群体分布，提高服务均等化水平。

第十二章

20世纪90年代以来中国的
人口发展研究

戈艳霞[*]

一 中国人口生育与发展

近半个多世纪以来，世界人口的生育率正在逐渐下降，世界人口的生育率已经成为从 1950 年平均的 5 下降到当前的 2.5。[①] 纵观世界各国，无论是实行计划生育的地区，还是未实行计划生育的地区，无论是经济社会较发达的国家，还是经济社会发展较落后的国家，生育率都在不约而同地下降，并且约半数国家的生育率已经降到更替水平（2.4 左右）以下，进入了低生育的时代。亚洲一些国家

* 戈艳霞，博士、博士后，中国社会科学院社会发展战略研究院助理研究员。
① 《2011 年世界人口状况报告》，联合国人口基金会，2011 年。

和地区的生育率甚至已经降至 1.5 以下的很低生育水平。而中国生育率也出现了一些下降变化。

中国平均每个家庭生育子女的个数已经从中华人民共和国成立初期的 6 个下降到 1 个孩子左右。自 20 世纪 70 年代初我国开始全面实行计划生育到 80 年代之间，育龄妇女的总和生育率从 1970 年的 5.81 下降到 1979 年的 2.74。1979 年中国政府开始提倡一对夫妇只生一个孩子，实行严格的控制人口增长生育政策。1990 年后中国妇女生育水平开始进入低生育水平时代，并且继续保持下降的趋势，2000 年总和生育率下降到 1.22 的超低生育水平，2010 年总和生育率更是低至 1.18。

从世界各个国家和地区的长期经验数据看，随着经济社会的发展，生育率的下降速度先快后慢。依据下降速度的不同，下降过程可以分为三个阶段：第一阶段为迅速下降阶段，生育率下降到 4；第二阶段为缓慢下降阶段，生育率下降到 2.4（人口再生产的更替水平）；第三阶段为保持低生育水平阶段，生育率下降到 2.4 以下。在第一阶段，总和生育率随人均 GDP 的增长而迅速下降。在人均 GDP 增长到 1000 美元之前，总和生育率将由 8 迅速下降到 4 左右。第二阶段为缓慢下降阶段。人均 GDP 超过 1000 美元之后，总和生育率随人均 GDP 的下降速度开始放缓，由人均 GDP 达 1000 美元时的 4 缓慢下降到 8000 美元时的 2.4（更替水平），开始进入低生育水平。第三阶段，随着人均 GDP 的继续增长，总和生育率的下降速度非常缓慢，各国生育率开始逐渐向1.2的最低值收敛。中国总和生育率的下降速度基本与国际经验一致，但有所超前。2000年人均GDP到1000美元时，总和生育率为1.22。而国际经验，总和生育率达到更替水平左右时人均GDP需要达到8000美元，但是中国总和生育率1990年达到2.4（接近更替水平）时，人均GDP还不到500美元。并且中国生育率的下降趋势也并没有止步于能够维持人口再生产的更替水平，而是继续快速下降到2000年的1.6（接近政策生育水平），2010年的1.18。在人均GDP的不同水平上，中国总和生育率都明显低于国际经验值，而且表现出超前的偏低。

　　一系列的普查和调查数据，以及大量的研究成果都记录和分析了该时期中国生育率的水平、变化趋势和决定因素。[①] 得到一致肯定的是我国生育率的快速下降，而

----

　　① Ansley J. Coale, *Rapid Population Change in China*, National Academy Press, 1984, pp. 1952 – 1982；林富德：《中国生育率转变的特点》，《人口研究》1986年第4期；顾宝昌：《论社会经济发展和计划生育在我国生育率下降中的作用》，《中国人口科学》1987年第2期；Griffith Feeney and Yuan Jianhua, "Below Replacement Fertility in China? A Close Look at Recent Evidence", *Population Studies* Vol. 48, No. 3, 1994, pp. 381 – 394；陈卫：《中国的低生育率》，《中国社会科学》1986年第2期，第75—96页；Poston, D. L., Jr, "Social and Economic Development and the Fertility Transition in Mainland China and Taiwan", *Population and Development Review*, Vol. 26, 2000, pp. 40 – 60；郭志刚：《对中国1990年代生育水平的研究与讨论》，《人口研究》2004年第3期；郭志刚：《关于中国1990年代低生育水平的再讨论》，《人口研究》2004年第7期；Gu Baochang, Wang Feng, Guo Zhigang and Zhang Erli, "China's Local and National Fertility Policies at the End of the Twentieth Century", *Population and Development Review*, Vol. 33, No. 1, 2007, pp. 129 – 148；郭志刚：《中国的低生育水平及其影响因素》，《人口研究》2008年第7期；Yong Cai, "China's Below-Replacement Fertility: Government Policy or Socioeconomic Development?", *Population and Development Review*, Vol. 36, No. 3, 2010, pp. 419 – 440；Xizhe Peng, "China's Demographic History and Future Challeges", *Science*, Vol. 333, No. 7, 2011, pp. 581 – 587.；等等。

仍然存在争议的是取得这种快速下降的方式，以及当前的低生育率的稳定性，生育率是否存在反弹的风险？针对以上争议，本章意在考察近 20 年来中国低生育水平的下降趋势、生育模式转变以及决定因素。在已有研究成果的基础上，进一步从时间维度和地区维度出发，分析生育率的下降趋势、状况及当前低生育水平的稳定性。并从经济发展、社会进步和生育政策三个方面分析其对生育率下降的推动作用，判断当前的低生育率是否存在反弹风险，未来生育率是否会继续维持在较低的水平。

二 分省的生育水平下降与政策生育率

20 世纪 90 年代以来全国育龄妇女的生育模式（即归一化的年龄别生育率）有明显的推后和延长，并且生育强度明显下降。与 1990 年相比，2010 年育龄妇女的中位生育年龄由 1990 年的 24.52 岁向后推迟了约 2 岁，为 26.61 岁，而 1/4 分位生育年龄和 3/4 分位生育年龄分别向后推迟了 1 岁和 3 岁，生育主要集中在 24—31 岁，育龄妇女生育年龄进一步推迟，更加晚育。期间分胎次的生育模式也表现出生育年龄推后且间隔加大的变化趋势。

从全国各地区 1990 年以来的数据看，各省育龄妇女的总和生育率都在持续下降，明确地表现为逐渐向生育率更低的圆心方向缩进（见图 12—1）。1990 年中国大部分

省份的生育率均在 2.0 至 3.0 之间；1995 年显著缩小到
2.0—1.5 低生育率水平；2000 年和 2005 年继续缩小到
1.5—1.0 的很低生育水平；而 2010 年生育率继续下降
到 1 左右的极低生育率水平。1990—2010 年，中国各个
省份育龄妇女的生育率并未止步于人口再生产的更替水
平，也未止步于政策水平，而是延续前 20 多年的趋势继
续下降。

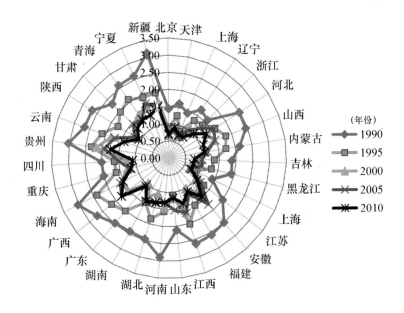

图 12—1 1990—2010 年各省总和生育率（单位：%）

资料来源：笔者自制。

纵观生育率下降的历史数据，中国各省的生育率已经
持续下降了 40 多年，并且下降趋势表现出很强的持续性和

稳定性，多年来并未出现反弹的现象。[①] 可以说，中国育龄妇女生育率反弹的可能性并不大。事实上，从全世界已经完成三次人口转变的国家的经验数据来看，生育率的下降几乎都是单向的，几乎不存在反弹的问题。因为经济发展和社会进步从根本上决定了生育率的单向下降和反弹风险极低。在实际生育水平高于政策允许的生育率时，"晚（婚）、稀（生育间隔）、少（子女数）"的计划生育政策在引导和加速生育率快速下降的过程中确实起到了巨大作用[②]。但是当实际生育水平下降到政策允许的生育水平下，政策生育率将不再有继续施加约束的客观环境，失去对实际生育率的约束效力。随着时代的发展，生育率下降的社会背景和生育的体系已经发生了很大变化。国家倡导和推行的计划生育已经逐步转变为各个家庭自觉自愿的家庭计划，计划生育对生育水平的约束效力在逐渐消失，经济发展和社会进步才是自始至终起着根本性决定作用的关键因素。

从1990—2010年中国各省总和生育率和政策生育率的历史数据看，各省总和生育率都在快速地向政策生育率靠拢，但是并未收敛于政策生育率。数据显示，早在20世纪90年代末总和生育率就已经降到了政策生育率水平。但是总和生

①　2006年人口调查的生育率飙升系调查偏差所致。

②　邬沧萍：《中国生育率迅速下降的理论解释》，《人口研究》1986年第3期。

育率并没有就此停止下降，收敛于政策生育率，而是继续进一步向更低的水平下降。2000年几乎所有省份的总和生育率都降到了政策生育率以下，并且之后继续保持下降，逐渐远离政策生育率。通过比较历年各省总和生育率和政策生育率不难发现，各省总和生育率的下降趋势并没有止步于政策生育率，而是在低于政策生育率的情况下，继续下降。考虑到2010年全国出生人口存在较严重的漏报现象，1.18的总和生育率存在被低估的可能，而诸多学者认为总和生育率可能在1.3左右。即普查数据计算得到的总和生育率与实际的总和生育率存在着10%的误差。依照此标准，本章另将2010年各省的总和生育率都提高10%，[①] 再分析总和生育率的变化趋势。将总和生育率提高10%以后，与未做调整相比，2010年总和生育的下降幅度明显减小了，但是总和生育率继续下降的趋势还是显而易见的（见图12—2）。

事实上，当总和生育率高于政策生育率时，政策生育率会对总和生育率施加拉低靠拢自己的力量，迫使总和生育率下降到政策生育率的水平，但是当总和生育率下降到政策生育率以下后，政策生育率对实际生育水平的影响将不复存在。在政策生育率以下的范围，实际生育率还在继续下降。说明政策生育率已经不再对下降起重要作用，而经济发展和社会进步是决定生育率下降的重要因素。近几

---

① 除北京、上海、天津和重庆四个直辖市外，其他各省的总和生育率均提高10%。

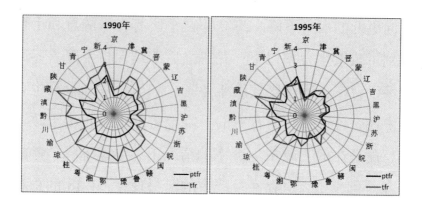

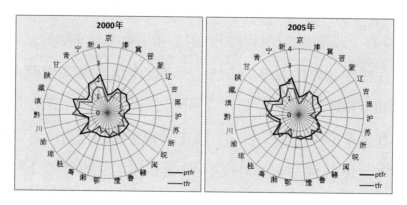

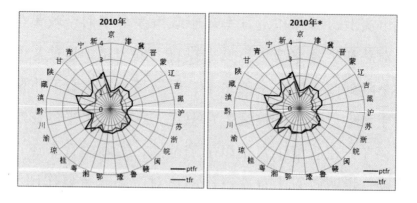

图 12—2　1990—2010 年各省总和生育率与政策生育率（单位：%）

资料来源：笔者自制。

十年来，中国经济快速发展、社会极大进步的客观环境，为人们生育观念的根本转变，生育水平的下降提供了推动力。稳定的社会环境和生育水平下降不可逆的规律也决定了中国育龄妇女生育率反弹的可能性很小。

三　生育率下降的影响因素分析

20多年来，全国各地区人口的生育率已经陆续下降到更替水平以下，并且已低于各地区的政策生育水平。而该时期人口生育水平的快速下降恰恰与经济的快速增长和社会的快速转型同步发生的。围绕实际生育水平、影响因素、生育政策约束力以及生育反弹等相关问题的研究和争论一直是人口研究的一大热点。诸多学者们分析了经济社会发展和计划生育政策对中国生育率下降的影响作用。虽然研究方法、数据内容不同，但殊途同归，最终的结论大抵相同。中国的生育率下降与社会经济发展有密切的关系，[①] 生育率的下降

---

① Nancy Birdsall and Dean T. Jamison, "Income and Other Factors Influencing Fertility in China", *Population and Development Review*, Vol. 9, No. 4, 1983, pp. 651－675；彭希哲、黄娟：《试论经济发展在中国生育率转变过程中的作用》，《人口与经济》1993年第1期；孙文生、靳光华：《社会经济发展的生育率效应研究》，《人口研究》1994年第11期；Poston, D. L., Jr, "Social and Economic Development and the Fertility Transition in Mainland China and Taiwan", *Population and Development Review*, Vol. 26, 2000, pp. 40－60；等等。

是在经济社会发展和计划生育双重作用下实现的。[①] 并且二者既各自发挥了重要作用，也有共同作用的影响。[②] 如果说中国生育率的迅速转变是在国家计划生育政策干预下启动的，那么在 20 世纪 90 年代生育率的下降应该主要是社会和经济发展的结果。[③] 沿着时间的维度，"发展—计划生育—生育率"关系呈现出一种动态平衡。20 世纪 70 年代计划生育作用是主导，20 世纪 80 年代计划生育与社会经济发展二者的作用基本上达到了平衡，而 20 世纪 90 年代社会经济发展的作用成为主导。[④]

　　由于数据获得的限制，大多数研究多利用时间序列数据在全国水平上进行分析，没有涉及生育率下降及其影响因素的地区差异。事实上，中国各地区的经济社会发展水平并不一致，大致表现出自东向西的由富到穷、由高到低的梯度发展格局。而生育率格局也不是整齐划一的，各地

---

　　① 顾宝昌：《论社会经济发展和计划生育在我国生育率下降中的作用》，《中国人口科学》1987 年第 2 期；陈卫：《"发展—计划生育—生育率"的动态关系：中国省际数据再考察》，《人口研究》2005 年第 1 期；牛建林：《从分省生育率看我国生育转变的地区差异》，载蔡昉主编《中国人口与劳动问题报告 No.13》，社会科学文献出版社 2012 年版，第 19—30 页；等等。

　　② 顾宝昌：《论社会经济发展和计划生育在我国生育率下降中的作用》，《中国人口科学》1987 年第 2 期；Dudley L. Poston, Baochang Gu, "Socioeconomic Development, Family Planning, and Fertility in China", *Demeography*, Vol. 24, No. 4, 1987, pp. 531–551；贾忠科：《中国省级社会经济发展计划生育与生育率变化的关系研究：1981—1985》，《中国人口科学》1991 年第 1 期，第 25—29 页；Liu Fude and Liu Jintang, "China. s Fertility Transition and the Prospect of Population Situation", in China Population Association, ed., *Symposium on Demography of China*, 23rd IUSSP General Population Conference, Beijing, 1997；等等。

　　③ 李建民：《生育理性和生育决策与我国低生育率水平稳定机制的转变》，《人口研究》2004 年第 11 期。

　　④ 陈卫：《"发展—计划生育—生育率"的动态关系：中国省际数据再考察》，《人口研究》2005 年第 1 期。

区之间有着显著的差异性和不平衡性。① 而总和生育率的差异一方面来自政策水平的差异，另一方面来自社会经济发展水平的差异，并且后者的作用略大于前者。② 综合来看，生育率下降的差异以及生育政策和社会经济发展对其影响的差异不仅存在于时间序列维度上，而且存在于空间截面维度上。因此，有必要采用同时具有时间维度和截面维度的综合数据对其进行考察。陈卫采用1980年、1990年和2000年各省份地区一系列的社会经济和计划生育指标检验了社会经济发展和计划生育对中国的生育率下降的影响。③ 结论认为社会经济发展和计划生育对中国的生育率下降都有独立而重要的影响，并且在过去30年里，社会经济发展的作用在增强，而计划生育的作用在下降。文章对于认识中国生育率下降的原因具有重要意义。但是并未对经济发展和社会进步的影响做进一步的分解。实际上，经济发展和社会进步并非完全等同。经济发展了，但是关乎人们福利水平提升的社会进步并不一定是随之而来的。这之间还需要国家职能部门的再分配引导功能发挥作用，促使国民收入向国民福祉的转化。常用的反映经济发展水平的指标，如人均GDP增长可以反映人们劳动参与率程度的提高，收

---

① 陈友华、陆建新：《中国生育率的地区差异及其政策选择》，《人口与经济》2003年第4期。

② 王金营、王志成、何云艳、段成荣：《中国各地区妇女生育水平差异的社会经济影响因素分析》，《南方人口》2005年第2期。

③ 陈卫：《"发展—计划生育—生育率"的动态关系：中国省际数据再考察》，《人口研究》2005年第1期。

入水平的改善，但是并不能反映公共服务的改善，不能全面反映社会进步、社会结构的变化。因此，我们还需要考虑能够反映社会进步和社会结构的指标，就经济发展和社会进步对总和生育率的独立影响作用进行研究。本章将采用1990—2010年以来普查年份和小普查年份的分省份地区的数据，就政策生育率、经济发展水平、社会发展水平对总和生育率的影响作用进行实证研究。

1. 数据收集与预处理

为了更好地反映区域间交互作用对生育水平的影响，本章将中国各省横向和纵向数据相结合，并引入多因素计量模型，以历次人口普查和小普查省际数据为基础，考虑生育率和社会经济发展水平的地区差异，探讨在中国生育率下降过程中，经济发展、社会进步和计划生育政策的影响作用。经济发展、社会进步和计划生育是否对中国的生育率下降有独立而且重要的影响？随着时间的推移，经济发展、社会进步和计划生育政策对生育率的影响作用是如何变化的？根据生育率下降的影响机制，本章选取人均GDP和第二、第三产业就业人口比重作为经济发展水平指标；非农人口比重（城镇化率）、人口平均预期寿命和高中以上文化程度的妇女比重作为社会进步指标；政策生育率作为计划生育政策指标。

在以往的实证研究中经济发展指标多采用当年价格计算的人均GDP，在时间序列维度和横截面维度上没有可比性，降低了指标的解释意义。为了消除这一影响，本章以 1978 年作为基年对人均 GDP 进行价格折算，可以保持不同时期各个省市数据计算上的统一性和可比性。此外，以往的研究多采用避孕率、多孩率、计划生育率和晚婚率等指标表征计划生育执行力度，但是本章发现这些指标不仅受到计划生育执行力度的影响，而且也受到经济发展和社会进步的影响。这是因为，随着社会和经济的发展，强制性的避孕行为已经转变为人们自愿的避孕行为。这类指标受到了经济发展和社会进步不可忽视的影响，可能导致实证结果与事实偏离。为了回避这一风险，本文采用郭志刚等人 2003 年提出的政策生育率①作为计划生育政策的指标。并根据各省历年城乡人口比重的变化，推算得到其他年份的政策生育率，作为本文实证研究的数据之一。表 3—1a 展示了本章实证部分所使用的指标变量及其描述统计。

---

① 郭志刚等人为了反映我国生育政策的地区分布、人口分布和地理分布的多样性，并将全国的政策生育率分为四类：政策生育率在 1.0—1.3 之间，大致对应独生子女政策为主的地区，包括上海、江苏、北京、天津、四川、重庆 6 省市；政策生育率在 1.3—1.5 之间，大致对应独生子女政策与独女可生二胎政策混合的情况，包括辽宁、黑龙江、广东、吉林、山东、江西、湖北、浙江、湖南、安徽、福建、山西 12 个省；政策生育率在 1.5—2.0 之间，大致对应独女可生二胎政策与二孩政策混合的情况，包括河南、陕西、广西、甘肃、河北、内蒙古、贵州 7 省区；政策生育率在 2.0 及以上，对应二孩及以上的政策的地区，包括云南、青海、宁夏、海南、新疆 5 省区。实行"一孩政策"人口占全国人口的 35.4%，实行"一孩半政策"的人口占总人口的 53.6%，实行"二孩及以上"政策的人口占总人口的比重为 11%。

表 12—1a　　　　　　　　**变量的描述性统计**　　　　　　　（单位:%）

	1990 年		1995 年		2000 年	
	平均数	标准差	平均数	标准差	平均数	标准差
总和生育率	2.31	0.48	1.66	0.4	1.25	0.34
政策生育率	1.5	0.31	1.48	0.31	1.53	0.32
人均 GDP	1039	886	1789	1540	2717	2249
非农人口比重（城镇化率）	21.66	11.41	26.73	15.04	30.65	15.39
第二三产业就业人口比重	44.81	17.65	49.82	16.46	50.28	14.93
平均预期寿命	68.3	3.22	69.88	3.03	71.47	2.98
高中以上文化程度的妇女比重	0.1	0.06	0.11	0.07	0.15	0.08

表 12—1b　　　　　　　**变量的描述性统计（续表）**　　　　　（单位:%）

	2005 年		2010 年		2010 年[*]	
	平均数	标准差	平均数	标准差	平均数	标准差
总和生育率	1.34	0.33	1.19	0.29	1.30	0.33
政策生育率	1.50	0.30	1.49	0.30	1.52	0.34
人均 GDP	4581	3620	7515	5248	8204	6288
非农人口比重（城镇化率）	35.77	16.35	38.97	17.70	41.06	19.72
第二三产业就业人口比重	56.20	14.62	63.15	14.00	64.48	15.16
平均预期寿命	73.30	2.71	75.13	2.49	75.13	2.49
高中以上文化程度的妇女比重	0.18	0.09	0.24	8.70	0.24	0.09

注：2010 年[*] 数据中的各省总和生育率均提高了 10% 。

资料来源：1990、2000 和 2010 年的《中国人口普查资料》；1995 年和 2005 年的《中国人口抽样调查资料》；1991 年、1996 年、2001 年和 2006 年的《中国人口统计年鉴》；2011 年的《中国人口和就业统计年鉴》；《新中国五十年统计资料汇编》、《新中国五十五年统计资料汇编》、《各省统计年鉴 2009—2010》和《中国统计年鉴 2000—2010》计算得出。

2. 检验方法和结果分析

本章的分析主要使用主成分分析法。将表 12—1b 中变量数据标准化后进行压缩，产生经济发展因子、社会发展因子和计划生育政策因子。根据变量在主成分中的权重确定主成分的含义。在五个时间上，主成分分析法产生的三个因子值在各省之间的变化情况保持稳定，这表明压缩产生的经济发展、社会进步和计划生育政策因子可以独立作用于生育率。

　　根据经济发展因子从高到低进行排序后，处于顶部的省市基本上都是中国东部经济发展较快的地区，如上海、北京和天津。而处于底部的省市基本上都是中国西部经济发展滞后的地区，如广西、云南和贵州。其他省份在五个时间上的排序变化较大，且趋势不一，但是仍然能看到部分省市在1990—2010年的排名逐渐靠前，如福建、重庆、湖北。另外一些省份的排名在逐渐下降，如黑龙江、山西、河北。其他省份基本保持在原来的名次附近。正所谓，经济发展决定上层建筑。根据社会发展因子从高到低进行排序后，处于顶部的省市仍旧是中国东部发展较快较好的地区，如上海、北京和天津。而处于底部的省市基本上都是中国西部偏远落后的地区，如青海和贵州。其他省份在五个时间上的排序变化不大。而根据计划生育政策因子从高到低进行排序后，处于顶部的省份基本上都是中国西部省份且多为少数民族人口较多的省份，如新疆、青海、宁夏、海南和云南，而其他省份在五个时间上的排序略有变化，但是处于最底部的三个省份非常稳定，依次是重庆、四川和江苏。

　　在图12—3中，左列显示了总和生育率和经济发展的关系，中列显示了总和生育率与社会发展的关系。右列显示了总和生育率与计划生育的关系。在各时期，经济发展和社会发展对总和生育率差异的解释程度均较高，表明二者对总和生育率有明显的抑制作用，且经济发展对总和生育率的抑制作用比社会发展带来的抑制作用略大。而计划生育对总和生育率差异的解释程度很低，表明该阶段计划生育对总和生育率并不存在显著性的影响。通过不同时期影响作用比较，我们还发现：随着时间的推移，经济发展和社会发展对生育率差异的解释程度在增加，且影响大小在逐渐下降。而计划生育对总和生育率差异的解释程度在下降，且影响大小接近于零。

表12—2通过多元线性回归考察了经济发展、社会发展和计划生育三个要素对总和生育率的独立影响。从1990—2010年省际数据回归结果的显著性水平看，经济发展和社会发展对总和生育率都有显著性的影响，而计划生育对总和生育率的影响并不显著。并且从标准化的回归系数看，经济发展对总和生育率下降的影响要明显大于社会发展带来的影响。各省总和生育率均提高10%后的回归结果，也验证了经济发展和社会发展对总和生育率下降的显著影响，并且经济发展的影响作用更大一些，计划生育对总和生育率的影响不显著。

表 12—2　总和生育率对经济发展水平、社会发展水平和计划生育

政策因素的回归

年份	影响因素	回归系数	标准化回归系数	显著性水平	确定系数	调整后确定系数
		B	$Beta$	P	R^2	AR^2
1990					0.560	0.551
—2010	经济发展	−0.355	−0.740	0.000		
	社会发展	−0.193	−0.110	0.047		
	计划生育	0.009	0.008	0.881		
	常数项	0.000		1.000		
1990					0.542	0.533
—2010 *	经济发展	−0.351	−0.732	0.000		
	社会发展	−0.129	−0.073	0.072		
	计划生育	0.026	0.024	0.662		
	常数项	0.000		1.000		
1990					0.592	0.587
	经济发展	−0.367	−0.737	0.000		
	社会发展	0.133	0.151	0.091		
	计划生育	0.284	0.146	0.258		
	常数项	0.000		1.000		
1995					0.592	0.545
	经济发展	−0.360	−0.753	0.000		
	社会发展	−0.150	−0.176	0.105		
	计划生育	0.131	0.137	0.284		
	常数项	0.000		1.000		
2000					0.704	0.670
	经济发展	−0.384	−0.817	0.000		
	社会发展	−0.077	−0.041	0.070		
	计划生育	0.203	0.186	0.092		
	常数项	0.000		1.000		
2005					0.701	0.666
	经济发展	−0.388	−0.833	0.000		
	社会发展	−0.043	−0.039	0.057		
	计划生育	0.171	0.076	0.488		
	常数项	0.000		1.000		

续表

时期	影响因素	回归系数	标准化回归系数	显著性水平	确定系数	调整后确定系数
		B	Beta	P	R^2	AR^2
2010					0.605	0.559
	经济发展	-0.349	-0.748	0.000		
	社会发展	-0.030	-0.025	0.045		
	生育政策	0.310	0.159	0.219		
	常数项	0.000		1.000		
2010*					0.615	0.570
	经济发展	-0.343	-0.688	0.000		
	社会发展	-0.037	-0.022	0.081		
	生育政策	0.275	0.304	0.109		
	常数项	0.000		1.000		

注：2010*代表各省总和生育率均提高10%后的回归结果。

资料来源：表1和笔者自己计算。

　　从五个不同时点六组数据的回归结果看，各个时点上，经济发展对总和生育率有显著的负向相关关系，表明经济的发展对总和生育率的下降都有显著性的推动作用。除1990年外，其他各时点上社会发展也与总和生育率呈现显著的负向相关关系，表明社会发展对总和生育率的下降有显著的推动作用。除2000年外，其他各时点上计划生育对总和生育率的下降均没有显著的正向影响。进一步表明，在1990年以来总和生育率的下降过程中，经济发展和社会进步起到了重要作用。此外，与社会发展相比，经济发展对总和生育率的负向影响程度始终要大很多。这表明，经济发展在总和生育率下降的过程中发挥了主要作用，社会进步发挥了相对次要的作用，而计划生育的作用微乎其微。

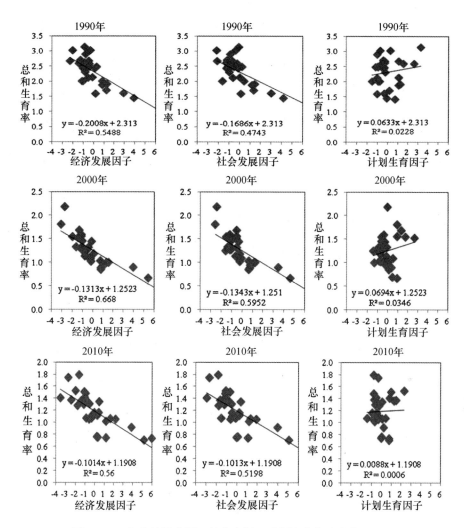

图 12—3　各省经济发展、社会发展、计划生育与生育率（%）
1990 年、2000 年和 2010 年

资料来源：1990 年、2000 年和 2010 年的《中国人口普查资料》；1995 年和 2005 年的《中国人口抽样调查资料》；1991 年、1996 年、2001 年和 2006 年的《中国人口统计年鉴》；2011 年的《中国人口和就业统计年鉴》《新中国五十年统计资料汇编》《新中国五十五年统计资料汇编》《各省统计年鉴 2009—2010》和《中国统计年鉴 2000—2010》计算得出。

事实上，经济发展势必会提高育龄妇女劳动参与率、增加生育成本代价，促使人们通过避孕来达到晚育和少育降低生育成本的目的。经济发展对总和生育率的抑制作用是相对直接且快速有效的。而社会进步对总和生育率的抑制作用主要是通过推动人们生育观念转变来发挥作用。并且这种生育观念转变是自发自愿的。在早期生育观念尚未完全转变的情况下，人口健康状况的改善，预期寿命的提高以及知识的增加反而对总和生育率有正向推动作用。随着社会的进步，生育观念将逐渐转变。在生育观念转变后，总和生育率将稳定的持续下降。社会进步对总和生育率的抑制作用相对见效较慢，但是一旦发挥效用，将是长期持续的。从标准化的回归结果看，1990—2010 年经济发展对总和生育率下降的影响维持在 0.6 至 0.9 之间，但各个时点之间略有差异。其中 2000 年和 2005 年要明显高于其他年份，此阶段正值中国经济的高速发展的时期，劳动参与非常活跃，有效地抑制了人们的生育行为。而 1990—2010 年，社会发展对总和生率的影响表现为先正后负。1990 年时，社会发展并没有推动总和生育率的下降，反而对总和生育率有提高的作用。而 1995 年及以后，社会发展显著地推动了总和生育率的下降。这表明，早在 20 世纪末中国人口的生育观念已经开始出现转变。只有在生育观念转变被启动的情况下，社会发展才会对总和生育率的下降发挥作用。这与殷丰以及周长洪和周建芳通过实践调查得到的结论相一致。① 此外，社会发展对总和生育率下降的推动效果随着时间而逐渐减弱，前期的影响程度相对较大，而后期的影响作用相对较小。当前，中国人口的总和生育率已经降低到了1.5以下的很低生育水平。在总和生育率已经降到很低的情况下，社会发展对总和生育率继续下降的推动作用将逐渐减弱。而这一客观规律同样适用于经济发展对总和生育率下降的推动过程。这也奠定了未来中国总和生育率进一步下降的空间很小。同时，由于经济发展和社会进步对总和生育率下降的推动效果已经非常稳定，未来中国总和生育率反弹的可能性也是很小的。

四 未来中国生育率的变化趋势

自20世纪90年代以来，中国的生育率在经济发展和社会进步的共同作用下，已经快速下降到1.5以下的很低生育水平。无论是从国际经验判断，还是从中国分省份地区的实际经验判断，未来中国人口总和生育率反弹的可能性很小，并且下降趋势还将持续一段时间。那么，未来中国人口生育率的下降是否有个底线？将下降到多低的程度呢？在以上研究的基础上，本部分对未来中国的总和生育率的

---

① 殷丰：《苏南社区环境对生育观念转变的影响》，《人口研究》1995年第7期；周长洪、周建芳：《我国农民生育观念转变的一个重要标志——宜昌市农村放弃与推迟二孩生育现象成因分析》，《人口研究》2001年第1期。

变化趋势进行了预测。考虑到普查得到的很低生育水平遭到质疑，本文采用联合国常用数据库的总和生育率数据对未来生育水平和变化趋势进行判断。由于生育率不可能下降到负值，一般的线性模型不适用与对未来生育率的预测分析，因此本章采用指数函数模型和自回归模型对未来生育率进行预测。

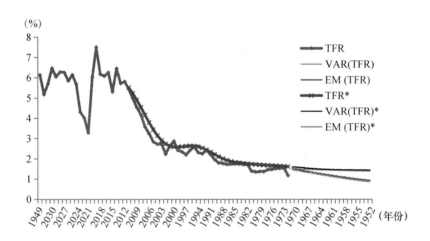

图12—4   2011—2030 年中国育龄妇女的总和生育率

注：TFR 为国家统计局公布数据；TFR＊为联合国常用数据库公布数据；VAR（TFR）和 EM（TFR）分别为基于国家统计数据的向量自回归模型预测结果和指数函数模型的预测结果；VAR（TFR＊）和 EM（TFR＊）分别为基于联合国数据的向量自回归模型预测结果和指数函数模型的预测结果。

资料来源：笔者自制。

在外生条件变化不大的情况下，根据 1949—2010 年我国总和生育率的下降趋势可预测 2011—2030 年的总和生育率的变化趋势。[①] 2011—2030 年中国育龄妇女的总和生育率将继续处于低生育水平，并且继续保持下降。从向量自回归模型的估计结果看，总和生育率略有下降。从 2011 年的 1.5 左右下降到 2030 年的 1.4 以下。从指数函数模型的估计结果看，总和生育率下降幅度较大。从 2011 年的 1.5 左右下降到 2030 年的 0.9 左右，接近于当前中国澳门的生育率水平。从总和生育的区间值看，2016—2020 年总和生育率的均值将在 1.20 至 1.50 之间；2021—2025 年将在 1.0 至 1.5 之间；2026—2030 年将在 0.9 至 1.5 之间。其间，由于总和生育率已经下降到很低的水平，进一步下降空间将会变窄，下降速度也会越来越缓慢。

结　论

总和生育率是判断人口和计划生育形势的重要指标。自 20 世纪 90 年代中国育龄妇女总和生育率已跨过更替水平的门槛，进入低生育水平的行列以来，总和生育率保持持续下降。2000 年时绝大多数省份和地区的总和生育率都降

---

① 采用中国国家统计局 1949—2010 年我国育龄妇女的总和生育率回归得到的向量自回归模型的表达式为 $TFR = 0.96 \times TFR(-1) - 0.18 \times TFR(-2) + 0.18 \times TFR(-3) + 0.05$，指数函数模型的表达式为 $TFR = 7.72 \times e^{-0.026x}$。

采用联合国常用数据库 1970—2010 年中国育龄妇女总和生育率的数据回归得到的向量自回归模型的表达式为 $TFR = 2.68 \times TFR(-1) - 2.5 \times TFR(-2) + 0.81 \times TFR(-3) + 0.014$，指数函数模型的表达式为 $TFR = 8.90 \times e^{-0.029x}$。

到了政策允许的生育水平以下，但是总和生育率的下降并没有止步于政策生育水平，而是继续向更低的生育水平下降了。无论是从世界各国的经验看，还是从我国分省的总和生育率的下降趋势看，中国总和生育率的下降趋势都是非常稳定的，反弹的可能性很小。并且，在生育率快速下降的过程中，经济发展和社会进步都起到了独立显著的推动作用。经济发展主要通过提高劳动参与率，增加生育成本代价来抑制生育，对总和生育率下降的推动作用相对直接且快速有效的。而社会进步主要通过推动人们生育观念转变来发挥作用，因此社会进步对总和生育率的抑制作用相对见效较慢，但是一旦效用得以发挥，那么将是长期持续的。此外，由于总和生育率已经降到了很低的水平，进一步下降的空间变窄，下降速度也将放缓。未来随着经济和社会的进一步发展，总和生育率虽然还将继续保持下降的趋势，但是下降速度将有所放缓。

第十三章

中国互联网媒介使用下的
社会关系分析

刘海霞[*]

现代传播技术的不断发展，正在不断地改变人们的生活。特别是互联网技术的飞速发展，正在逐渐消除时间和空间上的边界，把世界各地连接起来。传播跨越时空，维系着社会关系，不同的文化互相影响、相互交融，人与人之间的沟通也变得更便捷，人们可以方便、轻松地享用互联网阅读、聊天、购物、办公等。不管你身在何方，互联网可以让你"足不出户，联系天下"，世界正在一步步变成所谓的"地球村"。互联网媒介的使用扩展了沟通，联系快捷方便，更容易让人们建立亲密关系。但另一方面互联网以个人为中心、信息虚假和过剩、数字鸿沟等负面影响也

* 刘海霞，博士、博士后，中国社会科学院社会发展战略研究院助理研究员。

不可忽视。通过认识和梳理互联网正反两方面的影响因素，可以让我们更清楚地认识和使用互联网。

当前，全世界有一半左右的人口接入互联网，根据中国互联网络信息中心 2018 年 7 月发布的第 42 次《中国互联网络发展状况统计报告》显示，截至 2018 年 6 月，中国的互联网普及率为 57.7%，中国网民规模已经超过了欧洲人口总量，规模达 8.02 亿，其中手机网民规模达 7.88 亿，网民通过手机接入互联网的比例高达 98.3%，手机成了目前最主要的使用工具。中国网民对互联网的各种应用大致分为如下几类：网络媒体、互联网信息检索、网络通信、网络社区、网络娱乐、电子商务、网络金融等。人们正在享用作为地球村成员的现代化信息社会生活的便利。

虽然说是技术推动了社会的连接，但是，对于互联网使用带来的负面影响，也引起了越来越多的学者的关注。在美国一项早期关于互联网使用对社会影响的研究中，研究人员发现了一个让人震惊的现象：电脑的频繁使用可能会造成与家庭成员之间的交流减少。这项由卡耐基—梅隆大学人机互动研究所所做的关于互联网影响的研究持续了数年时间。在研究过程中他们发现，电脑使用频繁的人更倾向于认为他们的社交圈子在减缩。这些互联网使用者倾向于报告说，他们感觉沮丧、孤独的程度高于参与受试研究之前。可见，随着互联网使用的普及，虽然人与人之间的关系连接节点增加，但是社会隔离程度却也在增加——

"人们越来越熟悉，人们越来越孤立"①。也就是说，虽然互联网的使用让人们更方便找到自己想要联系的人以及想要的信息，但在实际生活中，人并没有因为便捷的联系而亲密。《中国互联网络发展状况统计报告》也显示，随着互联网使用的增进，在调查中，在每周上网时长超过40小时的网民中，超过三成的受访者表示"互联网减少了我与家人相处的时间"，这一比例远高于上网时长较短的人，而有近四成熟练使用互联网的受访者承认"互联网时代，我感觉更孤单"的说法。② 公交或地铁上、街道或聚会上随处可见的"低头族"，多年邻里不相识，巨大数量的"宅男宅女"…… 这些现象都显示出现代社会的人际关系少了亲密而多了疏离。那么，互联网使用到底是促进沟通增进交流，建立了人与人的亲密关系，还是制造了更多的疏离？

一　互联网使用影响下的人际关系

疏离，是指陌生、冷漠，是心灵间的距离，是人际交往、活动参与、社会互动处于某种断裂或疏远的状况，疏离是人与人不良人际关系的表现。在互联网的互动关系上，人与人的疏离有很多原因。有的学者认为这种关系是"虚

---

① 何晨：《互联网、社会隔离与自我构念——基于媒介环境学的一点思考》，2011 年 4 月 11 日，人民网，http://media.people.com.cn/GB/22114/206896/218794/14359987.html。

② 同上。

拟的""不真实的""肤浅的",破坏了现实意义的人际交往,给人一种虚假的亲密感。由于互联网的"匿名性",互联网上的沟通呈现出较低的社会水平。在网络互动与日常"现实生活"关系上,人们越是花更多时间在网络互动上,就越与其社会环境失去联系或造成"社会孤立",① 这种背景信息减少的交流一般会导致亲密的人际关系难以发生。那么,互联网使用是如何造成人际疏离的?

(一) 互联网媒介使用是个体为中心的场域

网络打破时空限制,不同国家、民族的人互相交流,千差万别的文化观念、政治信仰以及伦理观等发生空前的碰撞和融合。在互联网平台上每个网民都可成为中心,这增强了个体平等意识和权利意识,激发了民主参与的热情。尽管互联网让陌生的人彼此交换各种信息,让使用者可以跨越时空交流沟通。但是,不管是便捷的新闻订制、社交场所,还是网络购物,互联网媒介都高度注重用户的个人体验。在即时通信系统中,尤其是移动互联网中,沟通是自我为中心的场域,代表着非常私人的空间。人们可以根据自己的喜好删除和添加聊天对象;在互联网空间,人们可以随心所欲地表达自己,而不用再有所顾忌地"察言观

---

① 郑中玉:《互联网对社会关系的影响:争议与方向》,《甘肃行政学院学报》2011 年第 4 期。

色"，小心谨慎，而在现实生活中的交流却是很难做到如此"自我为中心的"。

随着互联网在我国的日益普及，人们的交流更多借助现代的移动互联网进行。第42次《中国互联网络发展状况统计报告》调查显示，社交方面，截至2018年6月，微信朋友圈、QQ空间的使用率分别为86.9%和64.7%。与此相对应的是人们生活方式的变化，只要坐在家中，动动手指，就可以解决个人在生活中的问题，人们沉浸在自己的世界里，减少了与他人交往的频次，比如外出购物、缴费、用餐等，同时也造就了大量"宅男宅女"。

因此，可以说互联网一代在体验作为地球村成员的现代化信息社会生活的便利的同时，对现实交际的依赖减少，个体独立性得到充分张扬，这在一定程度上使得社会疏离的程度也在增加。

（二）互联网形成不真实的关系网

互联网通过一网联系，在网络的背后是形形色色的个体，在网络空间里，人们可以展示自我，结交新朋友，从某种程度上来说，互联网代替了社交活动，促成了另一种社会联系。但也有研究认为，网上形成的关系往往比较表面，不牢靠，比不得日常生活中面对面交往形成的亲密关系。而且，这种手段传递的信息相当贫乏，它无法反映目光交流、非语言线索、身体接触等微妙的变化。除了一些简单的表情符号——电子信息缺乏手势、面部表情、语调等信息，缺乏富有表现力的表情，使得情绪容易被人误解。比如，语调的细微差别可以表示一个陈述是严肃的、开玩笑的，还是神圣的。贾斯汀·克鲁格等人表明，尽管人们觉得自己开玩笑的意图在电子邮件中或是口头表达中是同样清晰的，但实际上电子媒介中却不是如此。互联网上个体化的网络娱乐取代了打牌等现实中的游戏，占据了人们在真实关系中的交流时间，但网络虚拟的爱情还没有发展到与现实约会同等的地步，而且在各种论坛和社区空间中由于匿名的原因，误会可能造成严重的后果。

这种虚拟化与隔绝是令人遗憾的，人是社会化的动物，我们的进化史决定了我们天生需要真实的相互联系，是充满了微笑、难过、相拥相依的需要和交流。在互联网可以使人们展现真实的自我，但同时也可以使人们假装成任何自己想要的样子，有时候为了达到欺诈性的目的而不择手段。人与人之间需要面对面的交流，在交流中通过语言、肢体、表情、眼神的表达我们可以知道对方的内心世界，对方的语言的真实程度，从而用心去交流，在交流中互相尊重、互相学习乃至产生感情，产生共鸣，成为知己，这才是面对面交流的魅力。

使用互联网并不能替代社交活动，而是以牺牲原社交关系为代价的。互联网使用者建立的是一种肤浅关系，并未与他人构建深层联系。深层的亲密关系是建立在交融和互相服务的基础上的，这种关系在网络联系中是缺失的。人们若沉浸在网上这种比较肤浅的关系，便耗去了自己本该建立比较深层关系的时间。这也是为什么现在很多人的微信朋友圈有成百上千的人，但真正可以倾诉的人却没几个的原因。

（三）互联网占用人际交往时间

互联网像电视一样，占用了人们用在真实关系中的交流时间，就像印刷品使面对面讲故事的时间减少了，电话使面对面交流聊天的时间减少了。人一天参加各种活动的时间有限，一旦沾上互联网，往往花费较多时间于个人娱乐和网上浏览，不免疏远了家人。互联网增加了我们可以获得的绝对信息量，扩大了传播者的范围和多样性以及轮流交流的多样性，但是也有可能产生信息过剩。虚拟空间和网络游戏更是让人们沉溺其中不能自拔，占用了大量的时间。在斯坦福大学的一项调查中发现，在 4000 名被调查者中，有 25% 的被调查者说，他们的在线时间减少了他们与家人和朋友面对面和打电话的时间。"断掉网络"的呼吁让人不禁想起 20 世纪 80 年代以来电视走入大多数中国人生活的情景，对电视的沉迷造成了很多社会的负面效应，例如家庭关系的疏离、时间管理的下降、过度娱乐化等，这些负面效应曾促使一些社会学专家发出"关掉电视"的呼吁。① 随着互联网应用的深化，"网瘾"如影随形。吕慧萍和郭振羽在一项对新加坡儿童进行的研究中发现，互联网使用的增加，减少了儿童看电视的时间，也减少了读书和与亲人朋友交谈的时间。② 大量使用互联网媒介降低了社会人际间的往来，导致了人际疏离，互联网正在成为继电视之后下一个困扰人类的异化物。

（四）加剧数字鸿沟

互联网是技术，某种程度上也是一种社会资源的体现。根据经济合作与发展组织（OECD）的定义，数字鸿沟可以理解为由于贫穷、教育设施中缺乏现代化技术以及由于文盲而形成的贫穷国家与富裕发达国家之间、城乡之间以及年青一代与老一代之间在获取信息和通信新技术方面的不平等。在互联网时代，"数字鸿沟"是真实存在的现象。据统计，截至 2015 年年底，全球仍有 41 亿人被排斥在互联网之外；中国也有近半数人口无缘分享互联网带来的文明进步。根据《中国互联网络发展状况统计报告》显示，上网技能缺失以及文化水平限制仍是阻碍非网民上网的重要原

---

① 何晨：《互联网、社会隔离与自我构念——基于媒介环境学的一点思考》，2011 年 4 月 11 日，人民网，http://media.people.com.cn/GB/22114/206896/218794/14359987.html。

② ［美］格兰·斯帕克斯：《媒介效果研究概论》（第二版），何朝阳、王希华译，北京大学出版社 2008 年版。

因。调查显示，因不懂电脑/网络，不懂拼音等知识水平限制而不上网的非网民占比分别为49.0%和32.5%；由于没有电脑等设备而无法上网的非网民占比为9.9%；当地无法连接互联网等上网设施限制而无法上网的非网民占比为5.6%。

　　不少学者提出，以计算机为媒介的沟通带来的社会收益受到了限制，"数字鸿沟"加剧了社会和教育不公平现象。这种社会地位和教育的不公平是造成人与人之间隔阂的重要原因。虽然数字化隔离问题是可以通过降低互联网费用和增加公共使用场所来解决，但计算机割据问题是任何媒体都具有的，这可能通过数字媒介素养的提高才能缓解。

　　上述可见，互联网媒介使用的负面影响一定程度上确实影响了人际间亲密关系的建立。但是，现实社会中造成人际关系隔离的原因有很多因素。原有的亲密人际关系的改变有社会发展变化的因素，比如现代生活节奏加快、住房结构的改变、传统邻里观念的淡化等。实际上，在亲密关系建立的重要前提是互相的信任，也就是说，是否能建立人与人之间的亲密关系取决于人与人之间的信任程度。中国传统社会中的邻里乡亲，实际上是对熟人的信任和依赖，而在传统社会向现代化社会的转型中，以往本该信任的"熟人"变得陌生，人际交往中的信任缺失由此产生。社会信任的缺失导致人们交往之间缺乏心理安全感，安全感的普遍缺失必然激起人的心理防御机制，那么人与人之间的交往疏离就慢慢加深了。[①] 因此，互联网媒介的使用只是人际关系疏离的一个因素，信任的缺乏才是人际疏离的根本原因。

二　互联网使用使人际关系更亲密

互联网的出现，让人类减少了时空的限制，使人们便于沟通，让人与人之间的交流能力得到一个飞跃。支持互联网的学者们认为互联网使用同样支持了大量的社会关系，并增加了社会关系的多样性。同时，从维持社会关系或网络的角度看，虚拟社区同样也是"真实"的社区，也是提供与获得支持的有用方法。也就是说，最终电脑网络增加了社会网络的范围，促进了更多和更广阔范围的关系，允许人们跨时空沟通，使更多潜在关系成为积极联系。人们可以大大地延伸其社会联系的数量和多样性。互联网使人们可以维持比面对面更多的在线关系数量。比如互联网也被广泛用于与家人和朋友的联系，尤其是远距离的朋友的联系。而且一些研究也证实了网络互动形成的关系也并不只是保持在其原初的媒介，相反经常拓展到其他渠道或媒

---

① 李越：《中国社会隔离现象的成因试析》，2014 年 12 月 4 日，中国社会科学网，ht-tp：//acad. cssn. cn/shx/shx_zhyj/201412/t20141204_1429463_2. shtml。

介中，包括在线下的沟通方式，比如面对面、电话或邮件等等。

那么，以互联网为媒介的沟通，是否能帮我们扩展沟通、维持人际关系？它又是怎样帮助我们建立亲密关系的？

（一）互联网扩展了沟通

沟通使得人际间的亲密关系建立和发展。在人类进化史上，任何传播媒介的发明和使用都促进了人们的沟通和交流能力大大增强。就像语言、书籍印刷品和电子媒介改变了传播生态一样，互联网的使用突破了时间和空间的束缚，人们可以随时随地地进行交流和沟通。更重要的是互联网媒介实现了传播的互动和融合，扩展了人们的沟通能力，而沟通使得人际关系得以发展。每一种新媒介的产生都使得我们更方便地与他人接触和沟通，虽然它会替代原来的沟通方式，但是也让我们跨越了地域和时间、年龄和性别等诸多方面的限制，扩展了人们交往的朋友圈。近两年，移动互联网的使用逐渐替代了传统媒介，2018 年，86.9% 的网民在手机端最经常使用的应用程序是微信；其次为 QQ，占比为 64.7%。移动互联的即时通讯更是让沟通无处不在。人们由于网络，生活才得以延伸。每个人生命都是有限的，当人悟到生命的真谛时，对这些局促感触尤深。因此，能够享受广阔丰富的生命体验是人的最大愿望，人们在网络中，使用最可能的善良的方式，试图更多的体验生命，拉近距离，从这一角度来说，网络也是一项生命的延伸工程。

（二）互联网为人际交往腾出时间

互联网的使用可能会取代人际间面对面的亲密交流，但它也同时节省了花费在出行交通以及其他消耗行为上的时间。网上购物点餐、网上预约服务等大大节省了人们的出行交通时间。如果点一下鼠标就能在网上购买到千里之外的物品时，那么，它也为你的人际交往腾出了大量的时间。从媒介发展历程来看，新的媒介形态在社会生活中不断扩散与普及的动力就是它不仅承接了前一种媒介形态功能，而且也拥有了比之前媒介更多的功能。从媒介生态的角度来看，构成传媒市场的受众有各种需求，对传媒的特性也有一定的了解，他们根据自己的需求和期待而选择使用不同的媒介，这些要素共同构成了传媒得以生存的生态环境。在媒介的使用上，各媒介间具有相互置换性。媒介使用时间的置换性是指在时间总量一定的前提下，人们遵循"零和"的逻辑以分配在各类传媒间所花费的时间，即增加使用一个传媒的时间，对应的是减少使用其他传媒的时间。[1] 例如：电视使阅读时间减少了，使用互联网获取信

---

[1] 潘忠党、於红梅：《互联网使用对传统媒体的冲击：从使用与评价切入》，《新闻大学》2010 年第 2 期。

息的时间取代了使用传统媒体获取信息的时间。互联网的使用时间只是降低了在媒体使用的时间总量中使用其他传统媒体所占的份额，而且这个置换替代的效应发生在每一个对等功能的范畴内。也就是说，使用互联网虽占用了维持原社交关系的时间，但也促成了另一种社交关系。

（三）互联网使得沟通有效且更方便

社会关系需要建立社会网络，而互联网正好可以达到这一目的。有人认为诚然网络可以用于沟通，但这种途径传递的信息无法和面对面的交流相媲美。它无法反映在场交流的细微变化，容易引起误解，阻碍沟通。但是，科技的进步日新月异，随着互联网使用终端的不断改进，网络传输速度的迅猛提高，现在丰富的沟通渠道已经可以有面对面谈话时的效果，比如视频聊天，可以看见对方的音容笑貌，无疑很好地缓解了相思之情；在聊天中随时可以捕捉任何表情和语调，和面对面的交流无异。

即时面对面的互联网媒介让我们可以高效地与家人、朋友、志趣相投的人联系——包括那些用别的方式不可能发现和结为朋友的人，如白血病人、古玩收藏迷、旅游驴友或者是哈利波特迷等，我们可以交更多的朋友，扩展心灵的空间。互联网是全球最大的媒体资源库，同时它也是拉近我们人际距离的一个工具。全世界正由这种工具组成了一个庞大的交际圈。在这个交际圈中，网络可以从人们的生活方式、劳动方式和思维方式的改变中拉近人与人之间的距离。

（四）互联网媒介更易引发人与人间的自我表露

互联网最大的特性就是开放性。互联网的开放性不仅表现在技术上，还表现在平台上。互联网人际交往中没有现实生活中的"门槛特征"，所以互联网中的人们会对交往对象进行交往前的"预设性信任"，然后在交往的过程中对对方形成评价，决定是否继续交往，这使得人们的交往范围扩大，也使得人际交往更加容易。

在网络空间中，自我表露的程度是体现交往关系亲密与否的重要因素。"自我表露"是社会心理学术语，最早是由美国人本主义心理学家西尼·朱拉德提出的。他认为，自我表露就是在与他人交往时对别人敞开心扉，自愿地在他人面前真实地展示自己的行为、倾诉自己的思想。自我表露的程度越深，代表对他人的接纳和信任度就越高，自我表露的越多，也表明越希望与他人建立真诚的人际关系，从而形成良好的互动。西方社会心理学家乔瑟夫·勒夫和哈里·英格拉姆在 20 世纪 50 年代提出的"约哈里之窗"理论认为，人们之间交往成败与否，人际关系能否健康发展，很大程度上取决于各人自我暴露区域的大小。大多数人并没有觉得互联网使他们孤立了。就互联网互动所做的一些新实验显示，即使与陌生人交流，也会产生强烈的感情。一项研究显示，受试者在聊天室相互交流的时间长度，与其叙述的性质呈正相关形态。在工作中，以计算机为媒介的讨论更少受到社会地位的影响，从而使人更坦诚，且参与机会均等。并且，以互联网为媒介的沟通还往往比面对面的沟通更能引发人们自发的自我表露。在人际关系中，人们能真实展露自己，并且可以从中知道自己是被他人接受的，这时候信任取代了焦虑，使我们更容易展示自己，而不需要担心失去他人的友情或爱情。当然，亲密关系不是挥之即来的，而是长时间的自我表露的结果。通过不断的自我表露，个体的亲密关系也一点一点地建立起来。互联网不管在时间上还是空间上都提供了这种机会。如果缺乏这种机会，我们就会有孤独痛苦的感受。最值得称赞的是在互联网上你的相貌、身份、地位都无所谓，年龄种族也不再有影响。你的友谊决定于更重要的东西——你们共同的兴趣和价值观。因此，这也是人们认为网上的友谊与现实中的友谊一样真实、重要和亲密的原因之一。

小　结

随着互联网对社会影响的讨论不断持续，互联网媒介的使用究竟创造了人际隔离还是亲密关系的讨论也是各执一词。互联网媒介效果研究目前还无法提供确切的答案。自卡耐基—梅隆项目的罗伯特·克劳特的首次研究以来，许多研究小组的研究者就互联网使用的影响发表了更多的数据结果，我们现在拥有的数据量也已大大增加。但即使同一目的的研究在更长久的时间段里也显示出相异的结果。比如克劳特在首项研究后又做了一次研究，就是三年之后再次追踪受试者，以"重访"首次研究的负面效果。然而这次追踪的结果显示，该期间的负面效果消失。现有的研究从方法上来说，早期的研究多从逻辑上进行推演，缺乏经验资料的支持。虽然后来人们开始利用调查问卷、访谈和内容分析等传统的社会学以及相关学科研究方法，摆脱了早期研究方法上的局限。但是，这种结构的研究，却又缺乏进行理论概括和解释的努力和能力。因此，我们在得出"使用互联网媒介的社会影响是负面的还是正面的？"结论之前，要充分理解正反两方面的理论和数据，在解释互联网媒介效果研究时必须小心谨慎。

互联网媒介使用到底是增加了人们间的联系还导致了关系的疏离，文献中普遍可以发现一种"二元论"的习惯思维。即使存在这样和那样的问题，但互联网毕竟已经成为日常生活的一部分，人们的日常互动日益习惯通过互联网的沟通方式保持联系。此时，绝对不可以简单地非此即彼地做出绝对的区分。网络互动既包括那种陌生人身体不在场的匿名性交流，也包括之前确立的社会关系的联系。而且即使是那种在线的陌生人互动也有相当一部分发展成持久的关系，彼此有情感交流，各种资源的交换和社会支持行为，并通过其他互动媒介进行联系。

　　探究互联网产生人际疏离抑或是创造人与人之间的亲密关系的各种因素，都是为了我们更好地认识互联网这一新兴媒介，并更好地使用它。传播跨越时空，维系着社会关系，我们在互联网的使用中只有不断规避和改进互联网的负面影响，充分利用其沟通和交流的便捷性，使我们的亲密关系不断发展，才真正体现科技使生活更美好的本质。正如帕特南说所："最重要的问题并不是互联网对我们造成了怎样的影响，而是我们应该如何对待互联网？……我们如何利用这种技术增强我们的人际关系？我们如何改进技术手段以增加社会性存在，增强社会性的反馈……我们如何利用这种快捷而经济的沟通手段去弥补现实沟通手段的不足？"① 这才是我们研究互联网媒介影响的真正目的和初衷。

---

① 转引自胡芳《论互联网影响下的人际关系》，《社会心理科学》2010 年第 7 期。

第四篇

丝路发展与联通中国

第十四章

丝绸之路经济带建设背景下
欧亚经济联盟运行评估

王晨星[*]

引 言

欧亚经济联盟是俄罗斯主导，哈萨克斯坦、白俄罗斯为主力，吉尔吉斯斯坦、亚美尼亚为一般参与的新型区域一体化组织。自 2015 年 1 月正式启动以来，欧亚经济联盟组织机制运行正常，并未出现组织空心化、机制空转化现象，欧亚经济联盟作为新型区域经济一体化组织已经客观存在，并将对丝绸之路经济带建设，以及亚欧中心区域政治结构产生深远影响。

* 王晨星，博士，中国社会科学院俄罗斯东欧中亚研究所助理研究员。

2013 年 9 月，习近平主席在哈萨克斯坦访问期间提出建立"丝绸之路经济带"的战略构想，这一构想与之后提出的"21 世纪海上丝绸之路"两翼齐飞，构成了我国新时期的国际倡议，即"一带一路"倡议。欧亚经济联盟正式启动于 2015 年 1 月，是俄罗斯主导，哈萨克斯坦、白俄罗斯为主力，吉尔吉斯斯坦、亚美尼亚为一般参与的新型区域一体化组织。在"一带"与"一路"之间，欧亚经济联盟与前者关联性更大。应该说，欧亚中心地带是中国丝绸之路经济带的战略支撑与核心区域，也是欧亚经济联盟的重点发展区域，两者一为东西伸展、一为南北拓展，相互交汇。

运行四年多来，欧亚经济联盟并激流勇进，体制机制运转正常，经济一体化效应逐步显现，国际地位进一步巩固。因此，客观评估欧亚经济联盟运行情况对认识亚欧地区政治经济结构演变，推进"一带一盟"对接合作具有十分重要的现实意义。

一　欧亚经济联盟机制运行状态

总体来看，四年来，欧亚经济联盟各项机制运行状态平稳。主要体现在以下方面：

第一，各层级会晤机制运转正常。仅以 2017 年为例，最高欧亚经济委员会举行例会 2 次，共通过决议 16 项，其中有 15 项获得生效，^① 主要涉及人事调整、联盟内数字化建设、轮值主席国交接、法案修正等，此外还通过指令 5 项，主要涉及例行会晤举行的时间和地点等会议组织工作；欧亚政府间委员会举行例会 3 次，共通过决议 4 项，并全部获得生效，主要涉及农业综合体开发研究、交通政策协调等，还通过各类指令 23 项，主要涉及商品贸易、组织机制建设、例行会议安排等；欧亚经济委员会理事会几乎每月召开例会 1 次，共通过决议 98 项，其中已经生效的占 83.7%；欧亚经济委员会工作会议平均每周召开 1 次，共通过决议 186 项目，其中已经生效的占 83.9%。从表 14—1 看，欧亚经济联盟各级机构运转较为正常，决议生效率也较高。

第二，部门组织完成人员小幅调整。2016 年 2 月产生的新一届欧亚经济委员会工作会议实现了人员精简，完成人员新老交替，在职务配置中也体现成员国间平等性。2017 年 4 月 14 日，最高欧亚经济委员会任命哈萨克斯坦籍的扎克瑟雷科夫（Т. М. Жаксылыков）接替苏列依缅诺夫（Т. М. Сулейменов）担任经济与金融政策部部长，以及任

---

① 最高欧亚经济委员会第 9 号决议《关于修订欧亚经济委员会工作章程的决议》暂时没有生效，原因是该决议将在新版《欧亚经济联盟海关法典》生效后再生效。该决议根据新版《欧亚经济联盟海关法典》，对《欧亚经济委员会工作章程》附件 1 中的第 6、7、12、118—121、124—128 条以及附件 2 中的第 33—44 条进行补充说明。参见 Решение № 9 Высшего Евразийского Экономического Совета《О внесении изменений в Регламент работы Евразийской экономической комиссии》, 14 апреля 2017 года, г. Бишкек. https：//docs. eaeunion. org/docs/ru-ru/01413590/scd_17042017_9。

命库萨伊诺夫（M. A. Кусаинов）接替阿尔达别尔格诺夫（Н. Ш. Алдабергенов）担任竞争与反垄断协调部部长。2018 年 8 月 18 日，白俄罗斯总统卢卡申科解散科比亚科夫（А. В. Кобяков）政府，组建新的鲁马斯（С. Н. Румас）政府，随即 9 月 12 日，白俄罗斯派国家标准化委员会主席纳扎连科（В. В. Назаренко）替换克列什科夫（В. Н. Корешков）担任技术协调部部长，13 日总统助理苏博金（А. М. Субботин）替换辛德尔斯基（С. С. Сидорский）担任工业与农业综合体部部长。

表 14—1   2017 年度欧亚经济联盟各级机构工作情况量化统计

机构	会晤（次）	决议（项）	指令（项）	建议（项）	决议生效率（%）
最高欧亚经济委员会	2	16			93.8
欧亚政府间委员会	3	4	18		100
欧亚经济委员会理事会	13	98	35	3	83.7
欧亚经济委员会工作会议	36	186	195	29	83.9

资料来源：笔者根据欧亚经济委员会官方网站信息整理而成。

第三，法律机制建设不断完善。近年来，欧亚经济联盟法律机制建设的亮点就是，新版《欧亚经济联盟海关法典》（以下简称"新版法典"）最终在各成员国国内立法机构获得通过。2017 年 10 月 11 日在最高欧亚经济委员会上成员国首脑再次确认，新版法典于 2018 年 1 月 1 日正式生效。新版法典的目标是在欧亚经济联盟范围内构建商品贸易协调机制，确保商品得以自由流通，夯实商品共同市场的基础，其意义主要有以下几点：一是新版法典将取代2010年中开始实施的《关税同盟海关法典》，将成为欧亚经济联盟商品共同市场的基础性法律文件；二是新版法典充分考虑并应用当前国际贸易中的新要求、新标准及新技术，将进一步简化商品通关程序，利用现代化数字技术，减少人为干预，确保商品通关程序透明化、公平法、合法化。这对改善欧亚经济联盟的商品贸易环境大有裨益；三是提高商品通关及海关管理的工作效率。按照新版法典要求，原本需要1个工作日来完成通关手续，现在只需4小时即可完成所有流程；四是新版法典充分运用欧亚经济联盟目前力推的"统一窗口"机制，试图从制度上规范商品通关及海关管理的流程。① 欧亚经济委员会工作会议海关合作部部长卡得尔库洛夫认为，"新版法典将海关领域一体化进程推向新的高度，希望该法典不仅能强化欧亚经济联盟贸易关系，还能吸引新的外部投资。"值得注意的是，该法典还是欧亚经济联盟一体化实践中第一部完全以电子化技术应用为导向的法律文件。这将是欧亚经济联盟对外经济活动协

---

① Новый Таможенный кодекс ЕАЭС вступит в силу с 1 января 2018 года. 14 ноября 2017 года. http：//www. eurasiancommission. org/ru/nae/news/Pages/14_11_17. aspx.

调机制数字化改造的基础。①

第四，区域一体化政策协调机制建设逐步推进。首先，在最高欧亚经济委员会层面通过了《2017—2018 年度欧亚经济联盟成员国宏观经济政策重点方向》。② 该文件中指出，目前欧亚经济联盟面临的外部经济环境并不乐观，主要影响因素有国际油价降低、世界经济增速放缓等。对此，该文件提出，中短期内欧亚经济联盟成员国的宏观经济政策取向应该是，为成员国经济有效发展及保持经济稳定增长创造条件；加大吸引投资力度；提升商品的技术附加值；推动非能源产品出口等。其次，在欧亚跨政府委员会层面通过《2018—2020 年欧亚经济联盟成员国交通政策协调主要方向与实施阶段规划》。③ 该规划围绕铁路、公路、水路等陆上交通运输，提出了与国际交通体系一体化、充分挖掘交通过境潜力、提高运输服务质量、建立和发展欧亚运输走廊、发展交通基础设施、加大交通运输人才储备等发展构想。最后，《欧亚经济联盟构建石油与石油产品共同市

---

① Интеграция в действии: каких результатов достиг Евразийский экономический союз в 2017 году. 30 декабря 2017 года. https：//russian. rt. com/ussr/article/465964 – eaes-rezultaty-razvitie.

② Решение Высшего Евразийского экономического совета №7 《Об основных ориентирах макроэкономической политики государств-членов Евразийского экономического союза на 2017 – 2018 годы》. г. Бишкек. 14 апреля 2017 года. https：//docs. eaeunion. org/docs/ru-ru/01413588/scd_17042017_7.

③ Решение Евразийского межправительственного совета №3 《Об утверждении плана мероприятий (《дорожной карты》) по реализации Основных направлений и этапов реализации скоординированной (согласованной) транспортной политики государств-членов Евразийского экономического союза на 2018 – 2020 годы》. 25 октября 2017 года. г. Ереван. https：//docs. eaeunion. org/docs/ru-ru/01415092/icd_26102017_3.

场计划草案》于2017年12月正式在欧亚经济委员会理事会层面通过，各成员国总理也原则上同意该草案，2018年提交到最高欧亚经济委员会审议。[①]

二　欧亚经济联盟经济一体化效应

总体来看，欧亚经济联盟的经济一体化效应正在逐步显现，目前欧亚经济联盟框架下的区域经济一体化进程有待进一步发展。

第一，内部与对外商品贸易出现恢复性增长。商品贸易是目前欧亚经济联盟框架下一体化程度最高的领域之一。就内部商品贸易而言，2017年1月至11月，成员国间贸易总量为488亿美元，比2016年同期增长26.4%。[②] 2018年1至9月成员国间贸易总额为441.8亿美元，比2017年同期增长11.9%。[③] 这是2013年统一经济空间时期成员国间贸易转为负增长以来，首次出现大幅度恢复性增长。（见表

---

① Совет ЕЭК одобрил Программу формирования общих рынков нефти и нефтепродуктов ЕАЭС. 22 декабря 2017 года. http：//www. eurasiancommission. org/ru/nae/news/Pages/22－12－2017－1. aspx.

② Об итогах взаимной торговли товарами Евразийского экономического союза，Январь-ноябрь 2017. http：//www. eurasiancommission. org/ru/act/integr_i_makroec/dep_stat/tradestat/analytics/Documents/2017/Analytics_E_201711. pdf.

③ Объемы，темпы и пропорции развития взаимной торговли государств-членов ЕАЭС. Январь-сентябрь 2018 года. http：//www. eurasiancommission. org/ru/act/integr_i_makroec/dep_stat/tradestat/tables/intra/Documents/2018/09/I201809_1. pdf#view=fitV，访问时间：2018年11月20日。

14—2）恢复性增长的迹象在 2016 年就已经出现。2016 年 1 月至 11 月的成员国间贸易总额仅为 374.1 亿美元，比 2015 年同期下跌 10.8%，然而单从 10 月来看，却比 2015 年同期增长 0.3%，11 月增幅扩大到 4.4%。应该说，2017 年度成员国间的贸易止跌并出现增长起始于 2016 年下半年。从表 1 中还能看出，尽管 2017 年五个成员国间贸易出现明显增长，但是其总量离 2012 年关税同盟、统一经济空间时期的俄、白、哈三国间贸易总量 685.82 亿美元的峰值还有一定距离。

表 14—2　　2011 年至 2017 年 11 月欧亚经济联盟（含关税同盟、统一经济空间时期）内部商品贸易总额及增长率一览

序列	年份	总额（亿美元）	增长率（%）
1	2011	622.73	——
2	2012	685.82	8.7
3	2013	641.0	−5.5
4	2014	574.0	−11
5	2015	454.0	−25.8
6	2016	430.0	−5.8
7	2017	488.0	26.4

资料来源：Взаимная торговля товарами. Статистический бюллетень. 2011 – 2016. http：//www. eurasiancommission. org/ru/act/integr _ i _ makroec/dep _ stat/tradestat/publications/Pages/default. aspx；Об итогах внешней торговли товарами Евразийского экономического союза. Январь-ноябрь 2017 года. http：//www. eurasiancommission. org/ru/act/integr_i_makroec/dep_stat/tradestat/analytics/Documents/2017/Analytics_E_201711. pdf.

在对外商品贸易方面，欧亚经济联盟也有发展。2017年1—11月，欧亚经济联盟对外贸易总额为5670亿美元，其中出口3453亿美元，进口为2217亿美元，对外贸易总额比2016年全年增长24.6%，出口额增长25.9%，进口额增长22.6%。[①] 2018年1月至9月，对外贸易总额为5484亿美元，比2017年同期增长21.4%。[②] 与成员国间内部贸易类似，欧亚经济联盟对外贸易也处在触底反弹的阶段。（见表14—3）2011年关税同盟时期，对外贸易总额为9130亿美元，比2010年增长33%。2012年对外贸易总额继续上增，但增幅收窄，为9393亿美元，增长3.2%。2013年出现拐点，对外贸易额由正增长转负增长，对外贸易总额9310亿美元，下跌0.4%。2014年对外贸易额继续下跌6.9%，总额为8685亿美元。2015年对外贸易额出现大幅下跌，跌幅达33.6%，总额为5795亿美元。2016年对外贸易总额继续下跌至5094亿美元。2017年欧亚经济联盟对外贸易止跌，开始恢复性增长。就地区而言，欧盟是欧亚经济联盟最大贸易伙伴，占出口总额的50.5%，进口总额的40.6%；其次是亚太地区，占出口总额的25.4%，进口总额的

---

① Об итогах внешней торговли товарами Евразийского экономического союза. Январь-ноябрь 2017 года. http：//www. eurasiancommission. org/ru/act/integr_i_makroec/dep_stat/tradestat/analytics/Documents/2017/Analytics_E_201711. pdf.

② Об итогах внешней и взаимной торговли товарамиЕвразийского экономического союза. Январь-сентябрь 2018 года. http：//www. eurasiancommission. org/ru/act/integr_i_makroec/dep_stat/tradestat/analytics/Documents/express/September2018. pdf，访问时间：2018年11月21日。

42.8%；最后除欧亚经济联盟外的其他独联体地区占比最低，分别是占出口总额的5.5%，进口总额的4.2%。从国别来看，中国是欧亚经济联盟最大贸易伙伴国，占其对外贸易总额的16.2%；其次是德国，为8.7%；最后是意大利，为8.7%。[①]

表14—3 2011年至2017年11月欧亚经济联盟（含关税同盟、统一经济空间时期）对外商品贸易总额及增长率一览

序	年份	对外贸易总额（亿美元）	出口额（亿美元）	进口额（亿美元）	对外贸易总额增长率（%）	出口额增长率（%）	进口额增长率（%）
1	2011	9130	5865	3265	33	34.2	31.1
2	2012	9393	6001	3392	3.2	2.6	4.1
3	2013	9310	5854	3456	-0.4	-1.4	1.4
4	2014	8685	5565	3120	-6.9	-5.3	-9.6
5	2015	5795	3741	2054	-33.6	-32.7	-35.3
6	2016	5094	3083	2011	-12.1	-17.5	-2.1
7	2017	5670	3453	2217	24.6	25.9	22.6

资料来源：Внешняя торговля товарами. Статистический бюллетень. 2011 – 2016. http://www.eurasiancommission.org/ru/act/integr _ i _ makroec/dep _ stat/tradestat/publications/Pages/default.aspx；Об итогах внешней торговли товарами Евразийского экономического союза. Январь-ноябрь 2017 года. http://www.eurasiancommission.org/ru/act/integr_i_makroec/dep_stat/tradestat/analytics/Documents/2017/Analytics_E_201711.pdf。

从内部和对外商品贸易在欧亚经济联盟整体贸易中的比重来看，2017年1月至11月期间，欧亚经济联盟内部商品贸易比重有所提高，对外商品贸易比重有所降低，但与2016年

---

① Об итогах внешней торговли товарами Евразийского экономического союза. Январь-ноябрь 2017 года. http://www.eurasiancommission.org/ru/act/integr_i_makroec/dep_stat/tradestat/analytics/Documents/2017/Analytics_E_201711.pdf.

同期相差无几。也就是说，当前及未来中短期内，欧亚经济
联盟商品贸易一体化领域中的两个趋势仍难以逆转：一是对
外贸易比重远高于内部贸易的趋势仍难以逆转。成员国间贸
易依旧是欧亚经济联盟商品贸易一体化进程中的"软肋"，这
与成立之初欧亚经济联盟力主扩大内部贸易来降低对外经济
依赖度的初衷还有一段距离；二是俄罗斯继续保持欧亚经济
联盟贸易中心及枢纽的趋势不可逆转（见表14—4）。

表14—4　　2017年1—11月欧亚经济联盟内部与对外商品贸易占

贸易总额比重一览①　　　　　　（单位：%）

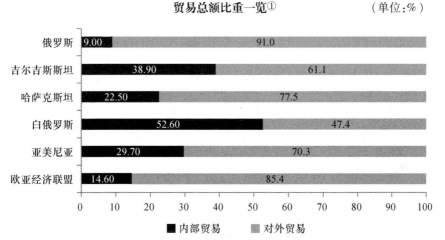

资料来源：Внешняя торговля товарами. Статистический бюллетень. 2011 – 2016. http：//
www. eurasiancommission. org/ru/act/integr _ i _ makroec/dep _ stat/tradestat/publications/Pages/
default. aspx；Об итогах внешней торговли товарами Евразийского экономического
союза. Январь-ноябрь 2017 года. http：//www. eurasiancommission. org/ru/act/integr_i_makroec/dep_
stat/tradestat/analytics/Documents/2017/Analytics_E_201711. pdf。

---

① Об итогах взаимной торговли товарами Евразийского экономического союза，Январь-
ноябрь 2017. http：//www. eurasiancommission. org/ru/act/integr_i_makroec/dep_stat/tradestat/analyt-
ics/Documents/2017/Analytics_E_201711. pdf.

　　第二，贸易结构大体未变。根据欧亚经济委员会数据表明，能源产品在欧亚经济联盟内部及对外贸易中依旧占主导地位。在欧亚经济联盟内部成员国间贸易结构来看，占比最大的是能源产品，为 27.5%；其次是汽车、机械设备及交通工具，为 18.4%；再次是农产品，为 15.2%。其中俄、白两国对欧亚经济联盟内部贸易贡献较大，在能源产品中俄罗斯提供了 84.4%，在汽车、机械设备及交通工具产品中俄罗斯和白俄罗斯分别提供了 56.5% 和 40%，在农产品中俄罗斯和白俄罗斯分别提供了 35.1% 及 53.7%。此外，2017 年 1—11 月，在欧亚经济联盟框架内各成员国商品出口明显上升。亚美尼亚对欧亚经济联盟内部市场比 2016 年同期增长了 40.4%；白俄罗斯增长 20.9%；哈萨克斯坦增长 31.3%；吉尔吉斯斯坦增长 25.7%；俄罗斯增长 27.8%。[①] 虽然欧亚经济联盟内部贸易总量还不及 2012 年俄、白、哈三国间的贸易总量，但是增长势头较为迅猛。对外贸易结构分出口贸易和进口贸易两方面。在对外出口贸易方面，2017 年 1 月至 11 月欧亚经济联盟出口商品中的 63.5% 为能源产品，比 2016 年的能源产品出口比重上升了 2.8%。其次是金属及金属产品，比重为 10.6%，与 2016 年的 10.4% 相当。最后是化工产品，比重是 6%，与 2016 年的 6.7% 也相当。需要指出的是，以上三种

　　① Об итогах взаимной торговли товарами Евразийского экономического союза, Январь-ноябрь 2017. http：//www. eurasiancommission. org/ru/act/integr_i_makroec/dep_stat/tradestat/analytics/Documents/2017/Analytics_E_201711. pdf.

商品出口总量中约80%是由俄罗斯提供。[①] 在对外进口贸易方面，汽车、机械设备及交通工具是欧亚经济联盟的重点进口商品，2017年1—11月该类商品占进口总额的44.7%，比2016年上升1.4%。其次是化工产品，为18.2%，与2016年18.5%相当。最后是农产品，为8.9%，比2016年下降了4.3%。[②] 显然，在国际经济体系中，欧亚经济联盟是自然资源、工业原材料来源地，工业制成品消费地的基本格局仍未得到明显改变。

第三，投资总额明显提高，且投资领域较多元。欧亚经济联盟框架下的投资、金融共同市场主要依托欧亚开发银行来推进。尽管到目前为止，欧亚经济联盟内部资本自由流通尚未实现，未形成统一的投资政策及规范，金融合作仍然处在双边层面，然而欧亚开发银行对独联体地区的投资项目金额正在不断提高（见表14—5、图14—1）。截至2018年2月1日，欧亚开发银行拥有储备金70亿美元，投资领域涉及金融部门、农业综合体、冶金、机械制造、采矿业、化工业、其他基础设施、交通、能源及其他。其中，金融、交通、能源、采矿业投资力度最大，分别占比

---

① Об итогах внешней торговли товарами Евразийского экономического союза. Январь-ноябрь 2017 года. http：//www.eurasiancommission.org/ru/act/integr_i_makroec/dep_stat/tradestat/analytics/Documents/2017/Analytics_E_201711.pdf；Внешняя торговля товарами. Статистика Евразийского экономического союза. 2016 год. Статистический сборник. http：//www.eurasiancommission.org/ru/act/integr_i_makroec/dep_stat/tradestat/publications/Documents/Ext_2016.pdf.

② 同上。

为 19.5%、18.2%、17.6%、15.3%。截止至 2017 年底，欧亚开发银行投资项目总额达 61 亿美元。同时，2017 年欧亚开发银行成为继欧洲复兴开发银行之后的第二大对独联体地区投资的国际金融组织。

表 14—5 　 2016 年至 2017 年欧亚开发银行与其他国际金融机构在
独联体地区投资总额对比 　　（单位：百万美元）

	2016. I	2016. II	2016. III	2016. IV	2017. I	2017. II	2017. III	2017. IV
欧亚开发银行	126	23	79	473	108	102	365	38
欧洲复兴开发银行	200	421	334	273	107	830	63	593
欧洲投资银行	—	—	—	127	11	—	118	14
亚洲开发银行	—	—	—	506				
黑海贸易与开发银行	—	55	42	21		39	67	66
亚洲基础设施建设投资银行	—	—	—	600				
国际金融公司	—	—	—	—	5	90	—	25
国际经济合作银行	—	—	—	—				17

资料来源：Обзоры инвестиционной деятельности международных банков развития 2016 – 2017 rr. https：//eabr. org/analytics/industry-research/reviews-idb-investment/#tab2017。

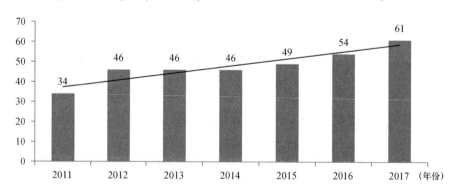

图 14—1　2011 年至 2016 年欧亚开发银行投资总额汇总（单位：亿美元）

资料来源：Обзоры инвестиционной деятельности международных банков развития 2016 – 2017 rr. https：//eabr. org/analytics/industry-research/reviews-idb-investment/#tab2017。

三　欧亚经济联盟对外合作进展

欧亚经济联盟积极开展对外合作，国际知名度和认可度显著提升。

第一，与中国签署经贸合作协定。2016年6月25日，中国与欧亚经济委员会正式启动经贸合作协议谈判。在经历五轮谈判、三次工作组会和两次部长级磋商后，2017年10月1日正式实质性结束经贸合作协议谈判，并签署《关于实质性结束中国与欧亚经济联盟经贸合作协议谈判的联合声明》。2018年5月17日，中国正式与欧亚经济联盟签署了《中华人民共和国与欧亚经济联盟经贸合作协定》。该协定范围包含广泛，涉及海关合作、贸易便利化、知识产权、部门合作、政府采购、电子商务及竞争等各方面。这是自2015年5月中国与欧亚经济联盟启动对接合作以来达成的首个经贸合作制度性安排。

第二，与新兴国家、发展中国家积极开展对话合作。需要指出的是，新加坡或将成为继越南之后与欧亚经济联盟签署自贸区协定的第二个域外国家。欧亚经济联盟与新加坡的自贸区谈判进展顺利，在2018年双方正式签署自贸区协定。[①]

---

① Соглашение о ЗСТ между Сингапуром и ЕАЭС могут заключить в 2018 году. РИА новости. 17 октября 2017 года. https：//ria. ru/economy/20171017/1506979162. html.

还有，2017 年 4 月，摩尔多瓦正式成为欧亚经济联盟观察员国，这意味着欧亚经济联盟在原苏联地区影响力显著提高。此外，欧亚经济联盟与蒙古国、塞尔维亚、印度、巴西、柬埔寨等国均建立起了稳定的对话平台及合作机制。

第三，欧盟一直是欧亚经济联盟的外交重点。早在关税同盟时期，俄、白、哈三国就把欧盟定为对外合作优先对象，目标是建立连接里斯本到符拉迪沃斯托克（海参崴）的共同经济空间。为此，之前的关税同盟委员会、后来的欧亚经济委员会以及欧亚开发银行等机构做了大量的工作。2017 年 12 月 5 日，欧亚经济委员会工作会议一体化与宏观经济政策部部长瓦洛娃娅（Т. Д. Валовая）在维也纳进程第 7 次会议上呼吁，从"俄罗斯——欧盟"模式转为"欧亚经济联盟——欧盟"模式是符合当前形势需要的，欧亚经济联盟时刻准备与欧盟展开对话，并以欧盟伙伴的准备程度而定。[1] 欧盟委员哈恩（Johannes Hahn）却指出，欧盟已经与亚美尼亚、哈萨克斯坦等欧亚经济联盟成员国签署了新的伙伴关系协定，意味着欧盟与欧亚经济联盟成员国已经建立起了对话框架。[2] 2017 年 12 月 7—8 日，欧亚经济委员会工作会议一体化与宏观经济政策部部长瓦洛娃娅

---

[1]　Министр ЕЭК Татьяна Валовая и еврокомиссар Йоханнес Хан открыли дискуссию о необходимости сбалансированных отношений между ЕАЭС и ЕС. 06 декабря 2017 года. http：// www. eurasiancommission. org/ru/nae/news/Pages/6 - 12 - 2017 - 3. aspx.

[2]　Там же.

（Т. Д. Валовая）参加欧安组织外长峰会。峰会期间，瓦洛娃娅与欧安组织代表商讨 2018 年欧亚经济联盟参加欧安组织经济合作活动的可能性，为与欧盟国家开展直接对话创造机会。① 欧亚经济联盟成员国都为欧安组织成员国，这为开展对话提供了一定的便利条件。

在构建欧亚经济伙伴关系过程中，欧亚经济联盟是主要载体。2017 年 7 月，习近平主席访俄期间，中俄双方签署《关于欧亚经济伙伴关系协定联合可行性研究的联合声明》，决定开展欧亚经济伙伴关系协定的可行性研究工作，显示了中俄两国深化互利合作、推进贸易自由化和地区经济一体化的坚定决心，以及探讨全面、高水平、未来面向其他经济体开放的贸易投资自由化安排的共同意愿，将为两国全面战略协作伙伴关系注入新动力。②

从宏观层面来看，"丝绸之路经济带"与"欧亚经济联盟"是两个不同的合作形式。前者谋求的是互利共赢的经济合作，而后者是追求具有政治、经济、文化、安全等多领域密切合作的一体化进程。

---

① ЕЭК обсудила возможность участия в мероприятия по линии второй экономической 《корзины》 ОБСЕ в 2018 году. 07 декабря 2017 года. http：//www. eurasiancommission. org/ru/nae/news/Pages/7 - 12 - 2017 - 2. aspx.

② 中俄签署《关于丝绸之路经济带建设与欧亚经济联盟建设对接合作的联合声明》，商务部网站，2017 年 7 月 4 日，http：//www. mofcom. gov. cn/article/ae/ai/201707/20170702604249. shtml。

结　语

　　亚欧中心地带是我国丝绸之路经济带的战略支撑与核心区域，也是欧亚经济联盟的重点发展区域，两者一为东西伸展、一为南北拓展，相互交汇，必须加以协调沟通，欧亚经济联盟是中国丝绸之路经济带建设过程中不可忽视的区域一体化机制。

第十五章

"一带一路"中乌经济交流与
科技合作机遇与展望

Rudenko Sergey Vasilevich[*]

2017 年 1 月恰逢乌克兰与中华人民共和国建交 25 周年。乌中双边关系具有战略伙伴关系的特征并且体现了两国长期友好合作的传统。

2017 年 1 月 4 日，为纪念乌中建交 25 周年，时任乌克兰前总统彼得·波罗申科信心满满地表示，"四个世纪以来，我们两国关系史上最主要的财富是乌中两国人民之间的深厚友谊，相互支持主权和领土完整，相互尊重以及平等互利的合作。这为乌中战略伙伴关系取得进一步丰硕的发展奠定了坚实的基础"[①]。

---

* Rudenko Sergey Vasilevich，科学博士，乌克兰国立敖德萨海事大学校长，中国社会科学院—乌克兰国立敖德萨海事大学中国研究中心乌方理事长。

① President of Ukraine P. O. Poroshenko. Official Greetings, UKRAINE-CHINA, Special Issue, No. 1（7），2017，p. 4.

中国国家主席习近平提出的"一带一路"这一倡议为乌克兰参与这一项目，特别是在战略伙伴关系、区域间的合作、贸易和经济关系、科学与教育的合作以及人文关系等乌中关系的进一步发展方面开辟了新的视野。

二十五年以来，乌中两国在贸易、经济、科学、教育、军事、技术和人文等合作领域已经签署了 300 多项国际协议。继时任中国国家主席胡锦涛对乌克兰进行国事访问所取得的成果之后，根据 2011 年 6 月 20 日签署的《乌中联合声明》，乌克兰和中国宣布建立战略合作伙伴关系。2013 年 12 月，乌中关系的发展达到了顶点——当时，两国签署了《乌中友好合作条约》，其中确定了双边关系的关键原则和成就并且希望在各个领域积极发展两国的互利合作。此外，两国还批准了《2014—2018 年战略伙伴关系发展计划》。

乌中两国在教育、科技等领域的合作是双边关系的一个优先方向。

落实科技合作的主要机制是乌克兰政府和中国政府于 2011 年设立的合作委员会以及包括科技合作、航天业合作、医学领域合作等在内的若干分支机构。

科技领域合作的优先方向是节能、飞机制造、造船、自然资源的合理利用、航空航天的开发、信息和通信技术的发展以及研究生和年轻科学家的储备和培养。

建立乌中科技园和研究中心是科学合作的重中之重。2002 年 11 月在济南市（山东省）、2003 年 1 月在哈尔滨市

（黑龙江省）和 2011 年 2 月在上海市建立了这样的研究中心和科技园。

2011 年 6 月，乌克兰国家科学、创新和信息化局与中国科技部签署了一份谅解备忘录以支持 E. O. 帕顿（E. O. Paton）电焊研究所的建立。

2012 年 11 月，在（江苏省）镇江市，江苏科技大学与以马卡罗夫上将（Mykolaiv）命名的国立造船大学共同建立了乌中造船技术转让与海洋规划中心。

2016 年 6 月，作为地区性科技合作的一个平台，"中乌科技合作中心"在哈尔滨成立。[①]

乌克兰与中华人民共和国在教育领域的合作是双边关系的一个优先和最传统的方向。其在国家层级实施的主要机制是在乌克兰政府与中国政府合作委员会框架下的、成立于 2011 年的乌中教育合作小组委员会。

该小组委员会的首次会议于 2012 年 2 月在三亚市（中国海南）举行。会议期间，批准了《2012—2014 年发展乌中教育领域合作的优先措施计划》并且签署了一份最新的《关于教育领域合作的机构间协定》。根据这一协定，从 2013 年年初开始，一方向另一方提供的国家奖学金的学生数量增加四倍——从 25 人增至 100 人。

---

① Scientific and technical cooperation between Ukraine and China［electronic resource］/http：//china. mfa. gov. ua/ua/ukraine-cn/science.

　　由时任乌克兰教育部部长莉莉娅·赫里内维奇（Lilia Hrynevych）和中华人民共和国教育部部长陈宝生（Chen Baoshen）牵头的该小组委员会的第二次会议于2017年6月23日在基辅举行。根据会议的成果，两国批准了《2017—2019年发展乌中教育领域合作的优先措施计划》，其中主要涉及了完善教育合作的合同和法律的框架，推动在乌克兰的汉语学习和在中国的乌克兰语的学习，以及扩大两国大学间的直接合作。

　　在此次会议期间，双方达成了将学生交换名额由100个增至120个的协议，缔结了在技术教育领域进行合作的若干协定，并且完成了实施中乌双学位课程的工作。为进一步加强双方的联系，双方商定开展乌克兰语和汉语竞赛，促进乌克兰语言和文化研究中心在中国的发展以及中国语言和文化研究中心在乌克兰的发展。

　　乌克兰与中国的学生交流非常频繁：在2016年，约有2600名乌克兰学生在中国留学，同时，约有2100名中国学生在乌克兰接受高等教育。有鉴于此，两国特别注重强化两国在高等教育机构间的合作。

　　因此，在2016年5月，在大使馆的协助下，一些乌克兰主要大学的领导人参加了首届国际创新发展教育论坛，其间，创建了国际创新与发展教育联盟

　　一个来自乌克兰、中国、波兰、法国、意大利、韩国和其他国家的66所大学和40家企业、旨在向国际市场提供

教育服务、联合研究、商业化推广的统一平台。

2017 年 6 月 23 日，乌克兰和中国的大学校长论坛在基辅举行，其间，41 名中国大学的代表和超过 25 名乌克兰高校的校长参加了此次会议。①

乌中两国间的合作正在以建立乌中语言和文化研究中心的形式积极地开展。目前，中国在北京、上海、天津、大连等地的外国语大学设立了乌克兰语言文化研究中心；在乌克兰，成功地教授汉语和中国文化的孔子学院已经达到了四所：以 T. 舍甫琴科（T. Shevchenko）命名的基辅国立大学、以 V. 卡拉津（V. Karazin）命名的哈尔科夫国立大学、基辅国立语言大学和以 K. D. 尤辛斯基（K. D. Ushynsky）命名的南乌克兰国立师范大学，而敖德萨国立海事大学已经连续 5 年为学生和讲师安排了汉语课程。而且，这些课程每年都变得越来越受欢迎。

2014 年 4 月，在留学北京各大学的乌克兰学生的倡议和乌克兰驻中国大使馆的积极支持下，成立了留学中国的乌克兰学生和毕业生协会。这个协会的宗旨是团结在中国各大学和各城市学习的乌克兰学生并且在他们之间、他们与所在大学、各行业工会、中乌企业以及其他必要的学生组织和中心之间建立联系。

2017 年 5 月 30 日，为乌中建交 25 周年献礼的乌中

---

① Cooperation in the field of education，/http：//china. mfa. gov. ua/ua/ukraine-cn/.

"一带一路"战略伙伴关系论坛在基辅举办。论坛的主要目的是讨论"乌中关系进一步发展的现状和前景",分析出现的问题,并提出加强两国战略伙伴关系的建议。这次论坛是在中国驻乌克兰大使馆的支持下举办的,其共同组织者是乌克兰国家科学院历史、哲学和法学部、乌克兰国家科学院 A. Yu. Krymsky 东方研究所和乌克兰汉学家协会。①

国立敖德萨海事大学与中国的关系有着悠久的历史。最初始于 1950 年,当时敖德萨海洋工程师学院开始为中国的海洋工业培养专业人才。而后,与天津船舶工业公司、第九设计研究院、大连造船厂等造船修船企业和船舶设计机构签订了直接的合作协议。例如,我们的毕业生有的成了中国科学院院士,李健是中国船舶工业集团公司的副总裁。

目前,国立敖德萨海事大学与天津大学、西北工业大学、上海海事大学、中国地质大学、武汉理工大学、大连理工大学和中国社会科学院签订了直接的合作协议。

国立敖德萨海事大学与中国社会科学院的合作,在 2018 年 9 月我们在国立敖德萨海事大学建立了中国社会科学院—国立敖德萨海事大学中国研究中心,迄今举办了六届"一带一路"沿线国家社会发展有关的学术会议。

---

① Ukrainian-Chinese Strategic Partnership Forum "One Belt, One Way", http://sinologist. com. ua/uk.

中心的宗旨是实施乌中及"一带一路"沿线国家社会发展的联合研究项目。

该中心的主要活动包括：

1. 组织和参加联合科学会议、研讨会、圆桌讨论会议等。

2. 制定和实施科学项目。

3. 联合出版科学专著、科学著作集。

4. 经验、创新技术、科学材料和出版物的交流。

5. 根据课程、研究兴趣及其他领域，实施学生与教师的交流计划。

研究中心研究的主题领域是：

——"一带一路"沿线国家的社会经济发展；

——"一带一路"沿线国家的人文交流；

——跨境走廊及其对"一带一路"沿线国家社会经济发展的影响；

——创新管理、运输创新以及企业与政府之间的联系；

——"一带一路"对家庭制度、婚姻和青年的影响；

西方与东方，古老世界与中华文明——伟大的丝绸之路是它们联系的纽带。伟大的丝绸之路是从地中海海岸到中国大平原这一规模空前的国际交流的可靠的见证者。精神和社会价值观的交流是伟大的丝绸之路所取得的最高成就。

与中国社会科学院进一步的合作将是乌中在科学合作方面迈出的又一步并且可以将乌克兰引领到"一带一路"的倡议与构建人类命运共同体中来。

第十六章

"一带一路"倡议:乌克兰发展新机遇

Svitlana Glovatska*

整体来看,中乌关系在乌克兰独立后的时期里,中乌始终保持友好关系,2013年12月,中乌签署了《中乌友好合作条约》《乌克兰和中华人民共和国关于进一步深化战略伙伴关系的联合声明》以及《2014年—2018年中乌战略伙伴关系发展规划》。这些文件的重要性在于:在双边条约关系史上首次签署了具有法律约束力的文件,界定了双边关系关键性的原则,为中乌战略伙伴关系的进一步发展奠定了基础,并且(在双边关系史上首次)明确了双方实际合作的具体方向和领域以及截至2018年这一期间内将要实施的联合项目。

* Svitlana Glovatska,博士,中国社会科学院—乌克兰国立敖德萨海事大学中国研究中心乌方主任,乌克兰国立敖德萨海事大学外事办主任。

乌克兰社会对"一带一路"倡议有着广泛的兴趣，迄今为止，乌克兰依然是首批支持"一带一路"倡议的欧洲国家之一。

对这一倡议的研究需要从"丝绸之路经济带"和"21世纪海上丝绸之路"理念的提出入手。

2013年9月，中华人民共和国主席习近平在哈萨克斯坦提出了共建丝绸之路经济带——"一带"的倡议。而后，在2013年10月，习近平主席在印度尼西亚发起了建设21世纪海上丝绸之路——"一路"的倡议。2014年，中国在最高层级正式宣布启动这一重要倡议。2015年，经济战略框架下的具体行动方案正式启动。从那时起，中国开始了与伙伴国家的接触。

那么，"一带一路"的主要目的是什么呢？

丝绸之路经济带包括了历史丝绸之路所延伸的中亚、西亚、中东和欧洲等地区的国家。在国际交通要道和"一带一路"沿线主要城市的土地上构建"一带一路"表明，重要的贸易、经济和工业园区将成为合作的平台。各国将共同创建国际经济走廊。丝绸之路经济带包括三个方向：

——中国—中亚—俄罗斯—欧洲（波罗的海）；

——中国—中亚和西亚—波斯湾和地中海；

——中国—东南亚和南亚—印度洋。

丝绸之路经济带本身的概念不仅涉及了建立一个运输走廊网络，而且还涉及了建设统互联互通的基础设施，从而使沿线的货物运输更加便利。在全球范围内，其目的是通过发展基础设施和扩大文化和经济关系构建一个重要的区域经济空间。

海上丝绸之路是丝绸之路经济带的补充，是一个通过发展海洋基础设施项目促进东南亚、大洋洲和北非经济合作的倡议。

当在海上构建"一带一路"时，重要的港口被认为是创建便捷、安全和高效运转的运输走廊的节点。"21世纪海上丝绸之路"具有两个方向。一是从中国沿海地区穿越中国南海到印度洋和欧洲。二是从中国沿海地区穿越中国南海到南太平洋。

中国提出了一个极具活力、可持续性和包容性的倡议。

六年来，"一带一路"倡议已变为现实，赢得了国际社会的关注与支持。中东欧国家正在积极地响应，并且中国已经成为东欧和东南欧最大的投资国之一。如今，100多个国家和国际组织不仅对这一倡议做出了积极的回应，而且也准备支持这一倡议。40多个国家与中国签署了"一带一路"的合作协议。在"一带一路"沿线的20多个国家里，中国企业建立了56个贸易和经济合作区，其中，投资额超过了185亿美元并且创造了18万个就业岗位。①

---

① Chzhao Lei. K obschemu ponimaniyu//Kitay. Ezhemesyachnyiy zhurnal. # 05（139）2017. – s. 24 – 25.

与传统的发展援助方式不同,"一带一路"采取了合作、自愿、开放的原则,其基础是共同参与、共同规划、共同建设和共享发展成果。也就是说,这一倡议的所有参与者都会成为平等的合作伙伴。此外,"一带一路"还意味着所遵守的原则对所有的参与者一视同仁:充分考虑到了所有各方的利益,通过协商共同制定和对接参与国的国家发展战略。

通过陆路和海上的交通网络,"一带一路"将亚洲、欧洲和非洲的广大地区连接在了一起。在这方面,重点是主要的基础设施以及工业园区、港口经济区和港口物流网络的建设。目标是加强大区域间的沟通与互动,完善投资环境,使货物、服务、资本、技术和人员有效地流动,并形成新的发展职能。①

所以,中国寻求与各国建立一种多层次的关系模式,而这通常是一个多极世界的理念。这里唯一的条件是这种伙伴关系的一致性和可预见性,而在中国的鼓励下,这种伙伴关系不仅以经济关系的形式存在,而且还体现在共同应对影响人类社会发展的难题。

正是有了这些关系的发展,乌克兰就需要更加卓有成效地工作。根据时任乌克兰总理 V. B. 格罗伊斯曼的讲话,

① Chzhan Yunlin. Sotrudnichestvo novogo tipa.//Kitay. Ezhemesyachnyiy zhurnal. # 05 (139) 2017. – s. 26 –29.

"乌克兰政府对与中华人民共和国在构建丝绸之路经济带这一全球倡议方面进行合作特别地感兴趣，乌克兰愿意与中国在投资和基础设施发展、高新和创新技术发展、农业和军事技术合作、增进人文交流等领域实施大型的联合项目。"[①]

在签署和批准《欧盟—乌克兰联合协议》之后，乌克兰在这一协议的执行阶段将会变成通往欧洲的某种"门户"。

因此，乌克兰应该做的第一件事就是确定其在参与"一带一路"项目方面的潜在利益，使之成为与中国发展深层关系的战略，并且实际地履行已缔结的协定和文件。

中国通过加强对话和深化经济关系，不断加强与东欧国家的关系。乌克兰可以成为中国产品和品牌推广、进入欧洲市场重要通道。

就贸易额而言，乌克兰是中国在独联体国家中的第三贸易伙伴国（在俄罗斯和哈萨克斯坦之后）。中华人民共和国在乌克兰的亚太地区贸易伙伴中排名第一。中国拥有巨大的投资潜力，按出口投资计算，中国位居世界第五位。因此，相关议程应讨论制定互动规则和寻求新的合作形式。具体而言，这涉及了中国公司直接投资的使用、乌克兰政

① Hroysman V. B. Pryvital'ne slovo//Kytay. Ezhemesyachnыy zhurnal. # 05（139）2017. – s. 6.

府在某种程度上提供担保和其他形式的伙伴关系等问题。[①]

不仅中国,而且大多数亚洲国家都有意减少从生产国到消费市场大国(尤其是欧盟国家)货运的成本和时间。乌克兰有兴趣积极地参与扩大这一运输走廊的设想。这得益于乌克兰的地理经济区位、发达的交通基础设施、与邻国和中华人民共和国积极的贸易和经济联系以及乌克兰国内市场巨大的消费潜能。

2017 年 10 月 31 日,乌克兰驻中国大使出席了途经乌克兰的大连——布拉迪斯拉发货运铁路的第一趟集装箱列车的通车仪式。这条新线路的发起者是从事集装箱运营的大连港务集团总公司及中国强大的海运公司——中国远洋运输总公司和斯洛伐克共和国交通与建设部。正如斯洛文尼亚大使杜桑·贝尔在讲话中指出的那样,实施"一带一路"倡议的进程机不可失,特别是在欧洲与中国间贸易额正在快速增长的背景之下。以布雷斯特和马拉舍维茨等过境点为例,先前铺设的从中国到欧洲的线路的运力已经饱和,无法处理目前的货运量。这一问题通过建设一条长达 10500 公里的大连—满洲里—外贝加尔边疆区—肯普—多布拉—布拉迪斯拉发的新线路而得以解决。按原有计划,这趟列车将运行 16—17 天。这条线路上的头班列车载有来自

中国和韩国的 41 个电子、机械和食品集装箱。在此，大连港具有转运优势，这条线路上的定期班列将从 2018 年 1 月开始。

中国和斯洛伐克的合作伙伴们认为，开发途经乌克兰的这条线路前景广阔并且希望在这方面展开进一步的合作。①

乌克兰在中欧和东欧地区所有其他国家中的优势是可以通过乌克兰的港口向两个方向运送货物：从中国到欧洲以及从欧洲到中国。

如今，乌克兰发现自身在"一带一路"项目中是一个重要运输和物流的枢纽。乌克兰有一个独特的机会成为在黑海—波罗的海地区所构建的，有波罗的海沿岸国家以及罗马尼亚、保加利亚、白俄罗斯和格鲁吉亚这四个维谢格拉德（Visegrad）集团国家参与的"一带一路"的重要支点。

中国中粮集团总公司在尼古拉耶夫海港建设的转运码头可能就是这种综合性工程的一个例证。随着码头的投入运营，中转货运量将增加 250 万吨，而港口是"一带一路"项目最重要的组成部分之一。中国中粮集团公司对该项目的投资额达到了 7500 万美元。

---

① Pershyy konteynernyy zaliznychnyy marshrut z Kytayu v Yevropu cherez Ukrayinu// – Access mode：http：//china. mfa. gov. ua/ua/press-center/news/60801.

此外,乌克兰与中华人民共和国的互利合作完全有能力为确保世界粮食安全做出重大的贡献,并成为国际粮食市场的一个强大参与者。

如今,中国在乌克兰农业出口的区域结构中的排名稳居前10的位置。此外,中国不仅是贸易上的一个战略伙伴,而且还是合作和投资项目上的一个战略伙伴。同时,在农业领域,中乌有着许多前景广阔的合作方向来建立可以取得成功的双边项目。双方可以在包括科技合作、智能农业和创新信息技术的解决方案、基础设施和物流、绿色能源、在乌克兰修建作物和肥料的环保工厂等领域开展合作。向亚太出口的粮食约占乌克兰供应总量的13%,而中国市场的发展将使乌克兰的这一供应量至少增加两倍。根据预测,在未来二十年内中国的肉类、大豆和谷物的消费量有可能增加一倍。正是在这种情况下才使得乌克兰的谷物加工和肉类、牛奶及其他产品的生产及其随后向亚太国家的出口具有巨大的潜力和机遇。[①]

根据对2016年统计结果的监测,乌克兰出口到中国的农产品的总额达到了10.25亿美元。主要的出口产品有:食用油(5.271亿美元),谷类作物(4.641亿美元),面粉和谷物制品(1683.3万美元),油籽(363万美元),奶酪和

---

① Audyt zovnishn'oyi polityky:Ukrayina—Kytay:Dyskusiyna zapyska//Instytut svitovoyi polityky, 2016. – Access mode:http://iwp.org.ua/ukr/public/1842.html.

酸乳酪（210 万美元），糖果制品（190 万美元）。在同一时期，进口总额达到了 1.052 亿美元。主要的进口产品有：食品工业的残料（1420 万美元），烟草制品（1240 万美元），鱼罐头（1135.9 万美元），蔬菜（670 万美元）。

2017 年上半年，出口金额达到了 4.34554 亿美元。出口产品包括：食用油（2.262 亿美元），谷类作物（1.829 亿美元），奶酪和酸乳酪（680 万美元）。进口额为 5397.2 万美元。进口产品包括：咖啡和茶叶（480 万美元），鱼产品（620 万美元），动物源食品（280 万美元），鱼罐头（710 万美元），等等。①

乌克兰和中华人民共和国可以通过生产合作以及中国在乌克兰投资建立工业园区和技术开发区的方式开始发展两国之间的中长期合作计划。通过与中国在高新技术产品领域结出的丰硕成果，乌克兰将能够在全球市场中拥有一席之地。这对中乌关系，特别是"一带一路"倡议来讲，是非常重要的。

尽管乌克兰目前在经济和金融形势面临一些发展的困难，但它仍然拥有发展的科技潜能，而这可以有助于发展其经济中的先进领域以及在各个领域中实施重要的战略项目。科学和技术是我们两国间进行合作最强大和最长期的

---

① Ol'ha Trofimtseva. Ukrayina ta Kytay zatsikavleni u rozshyrenni torhovel'no-investytsiynoho spivro-bitnytstva v ahrarniy haluzi. – Access mode：http：//minagro. gov. ua/node/24528.

基础。鉴于乌克兰经济现代化的迫切性和有效性及其适应现代世界市场的需要，中国的投资、制造和科技能力可以成为乌克兰发展其自身经济中的各个领域并使它们得以再现代化的重要资源。同时，这给了中国在正与欧盟进行整合的乌克兰市场中占据相关地位的机会。乌克兰和中国的专家们共同实施的项目涉及了高新技术、新材料、环境保护和药品生产等领域。

此外，发展旅游业、激活两国人民的交往、开展人文合作、促进教育和文化领域的互动都是进一步发展中乌战略伙伴关系的重要组成部分。

目前，乌克兰在再工业化和现代化的实现、生产效率的提高、自然环境的保护以及物流能力的利用等诸多方面具有发展潜力与优势，乌克兰应该可以借鉴中国成功的发展经验和理念，尽可能地挖掘乌克兰的发展潜力，深度对接"一带一路"倡议，获得发展的机遇。

乌克兰需要采取实际步骤参与这一倡议，利用这一难得发展契机，增强乌克兰的经济潜能，增进与主要欧洲和亚洲经济中心的融合，成为西方和东方经济连接、互联互通的平台，发挥双向沟通的作用。

第十七章

"一带一路"倡议下中乌交通发展的展望

Olga Akimova[*]

就中国而言，推动比沿海地区发展滞后的西北地区的发展至关重要，而"一带一路"项目则有助于此。这不单单是一条交通路线，它是基础设施、自由经济区以及跨境经济合作区的建设倡议。

中国经济发展面临着地区发展不平衡的问题，即优势产业主要集中在东部和南部地区。在中国，在地区带动（或集聚效应）的作用下，经济的高速增长具有不均衡性。换言之，空间上的经济滞后或集聚是区域异质发展的诱因。有学者在对中国地区空间发展的研究中，给出了中

* Olga Akimova，博士，乌克兰国立敖德萨海事大学副教授

国区域经济增长空间滞后的经济计量模型。[①] 印证了，经济因素的相互影响在中国区域发展中起到了重要作用。

"丝绸之路经济带"是陆路交通发展的一个重要项目。迄今为止，中国和欧盟国家通过欧亚大陆桥共有 7 条铁路连接，此外新的连接线路还在建设。在通往欧洲的所有线路中，在交货时间、集装箱货物卸载地和货运税费上都不尽相同，这就需要构建全新的互联互通交通体系。

"一带一路"项目的基础是：和平合作、开放合作、互相学习、互利共赢。丝绸之路经济带和 21 世纪海上丝绸之路建设规划共同构成了"一带一路"倡议，是践行中国创新外交政策的具体表现，其目的是在一个多极世界中，促进不同民族和谐、包容发展，构建新型国际关系。

中国的"一带一路"倡议构建和实施的背景如下：

1. 改革开放以来，中国国内生产总值持续增长，通过丝绸之路沿线的基础设施建设，可以发挥中国基建优势，满足沿线国家改善基础设施的发展需求。

2. 欧亚大陆运输问题需要解决，以减少运输的时间成本。从长远观点来看，这一问题的解决将有利于在诸多创新经济领域仍引领世界科技的欧洲公司的经营业务在华取得长远发展。而且除创新之外，这一因素将确保中国与欧

---

① Lungen' In. Ekonomicheskiy rost v Kitaye：prostranstvenno-ekonomicheskiy analiz//Prostranstvennaya ekonomika，2005. – No 1. – S. 133 – 152.

洲之间双向投资持续不断地进行。

3. "一带一路"倡议会使中国和沿线国家的交通物流多样化。除了海运之外，还会有与外界的陆路连接。

4. 中国自身逐渐成为产业创新的中心，并且为了创新产品的出口，需要提高基础设施的可靠性。这可以在多元化的运输走廊框架下得以实现。

在建设运输走廊和向欧洲国家提供亚洲原产货物的大背景下，"一带一路"项目的实施为乌克兰创造了重要的经济机遇。这得益于乌克兰的地理经济地位、完善的交通基础设施、与邻国和中国积极的贸易和经济联系以及乌克兰的过境便利。此外，乌克兰还可以提供广阔的铁路网、无冰冻期的黑海港口和高速公路系统。所有这一切都为增加的过境货运和随之而来的将乌克兰纳入"欧亚"运输体系创造了必要的先决条件。

当前，乌克兰的国家运输体系仍停留在与跨欧洲运输体系相整合的层面上，所参与的是提供单一的运输过程。在此背景下，乌克兰在运输服务市场方面不如其他国家。

此外，在欧亚运输线路方面，过境运输出现损失的趋势也在持续。乌克兰运输基础设施的发展在速度和规模上大大落后于亚洲国家以及俄罗斯和白俄罗斯等邻国，而这些国家与欧盟一样，正在积极开发其运输网络。

鉴于邻国正在积极建设运输基础设施，在提供运输服务和为主要的跨大陆和跨国货物流动提供服务方面乌克兰面临竞争。更重要的是，在"欧亚"这一宽广方向的竞争正在加剧。

据专家称，欧亚一体化运输体系（西欧—白俄罗斯—俄罗斯—哈萨克斯坦—中国）被认为最具吸引力，因为它考虑到了货物交付的时间、财务成本和安全等因素。

在上述线路上，必须要跨越白俄罗斯、俄罗斯和哈萨克斯坦这三个正在积极使其办事程序和关税一致化的国家领土。

尽管如此，"丝绸之路经济带"的灵活性以及过境通道多样化的设置为乌克兰参与该项目提供了难得的机遇。

亚洲基础设施投资银行已经在"一带一路"框架内为九个工程项目提供了 17 亿美元的贷款。丝绸之路基金的投资额也达到了 40 亿美元。中国和 16 个中东欧国家已经组建了一个 "16+1 合作"的联合金融控股公司。这些新的金融机制与世界银行等传统多边金融机构相辅相成。总而言之，一个多层级的"一带一路"金融合作网络业已形成。

如今，乌克兰正在为建设工业园等领域的投资而进行谈判。其他的合作伙伴也正在参与其他项目的谈判。例如，与 CCEC（中国成套工程总公司）和在替代能源领域名列中国前茅的私营公司 GCL（协鑫集团控股有限公司）签署了一份在敖德萨、尼古拉耶夫和赫尔松地区实施能源项目的议定书。

"丝绸之路经济带"覆盖了中亚、西亚、中东、欧洲等传统的丝绸之路国家，并且在基础设施建设以及文化和经济关系加强的助力下，扩展到了与经济空间相关的区域发展。

通过海洋产业基础设施项目的开发，海上丝绸之路补充完善了东南亚、大洋洲和北非经济协作的倡议。

以下各项对海上和陆路丝绸之路交通发展前景的特征进行了比较（详见表17—1）。

乌克兰对丝绸之路项目的参与源于TRACECA（欧洲—高加索—亚洲运输走廊）项目。[①] 在此，土耳其和中国与乌克兰、哈萨克斯坦、阿塞拜疆和格鲁吉亚共同组建了一个从中国至欧洲的船运联合体。

表17—1　　　　　　　　　　　陆路和海上丝绸之路的对照

因素	"一路"	"一带"
对乌克兰的影响	开发港口、增加海运货运量	铁路及造船业交通运输基础设施的发展
对中国的意义	发展海上基础设施项目，是补充完善经济区域发展，推动东南亚、大洋洲和北非互联互通的发展倡议	涵盖了途经中亚、西亚、中东和欧洲的传统丝绸之路国家
产业的发展	造船业、港口建设与开发、运河建设	铁路、通信、公路、港口、桥梁

---

① Lungen' In. Ekonomicheskiy rost v Kitaye: prostranstvenno-ekonomicheskiy analiz//Prostranstvennaya ekonomika, 2005. – No 1. – S. 133 – 152.

因素	一路	一带
货物流动的起点及终点	中国东南部的港口、西欧、东欧	中国西部—西欧
与项目相关国家的经济关系	东南亚、大洋洲和北非互联互通	亚洲的商品输送至欧洲（注：乌克兰的商品输送至格鲁吉亚、阿塞拜疆、哈萨克斯坦、中国）
2015 年途经乌克兰港口的集装箱货运量（亿吨）	65	10

资料来源：笔者自制。

这些丰硕的成果表明，"一带一路"倡议符合时代潮流和发展规律，符合各国人民的利益并且为中乌两国的发展提供了广阔的前景。

第十八章

"一带一路"与乌克兰的互联互通

Inna Lapkina*

2018 年乌克兰对外贸易总额为 1041.88 亿美元，比 2017 年增长了 12%，[①] 2019 年第一季度贸易总额超过 260 亿美元。2019 年第一季度末，中华人民共和国成为乌克兰最大的贸易伙伴——乌中贸易额为 26.43 亿美元（占乌克兰贸易总额的 10.2%）。排在第二位的是俄罗斯——乌俄贸易额为 25.587 亿美元（占乌克兰贸易总额的 9.8%），然而俄罗斯在 2018 年底排在第一位。[②]

中国历来是乌克兰的战略合作伙伴，两国双边贸易不

---

* Inna Lapkina，科学博士（经济学），乌克兰国立敖德萨海事大学教授、项目管理与物流研究室主任。

① https://korrespondent.net/business/economics/4051701 – tovarooborot-ukrayny-s-es-vyros-pochty-na – 5 – mlrd.

② https://uprom.info/news/ekonomika/kytaj-stav-holovnym-torhovelnym-partnerom-ukrainy/.

断增长。

2018 年 1—9 月，乌中贸易额为 66.7 亿美元，同比增长了 22.5%，而乌克兰对华出口货物 14.4 亿美元，同比减少了 0.9%，乌克兰进口中国货物 52.3 亿美元，同比增长了 29.9%，贸易逆差为 37.9 亿美元，超过了 2017 年全年的贸易逆差。[①] 2018 年 1—11 月，乌克兰对华贸易额为 88.2 亿美元，比 2017 年全年的对华贸易额增长了 11 亿美元以上。[②]

中国到欧洲大陆的货物运输主要由海路完成。此方向 90% 以上的货物是在海运参与下运输的。海运的优势是费用低、运量大，这些优势是海运在可预见的未来保持这一无可争议的领导地位的基础。

"一带一路"倡议非常重视货运中的海运环节，这一点可以由中国国家主席习近平 2013 年访问哈萨克斯坦和印度尼西亚时提出的国际共建项目"丝绸之路经济带"和"21 世纪海上丝绸之路"予以证明。

2014 年 11 月 8 日，中国国家主席习近平宣布，中国将出资 400 亿美元成立丝路基金。丝路基金将为"一带一路"沿线国家的基础设施建设、资源开发、产业合作等提供融资帮助。丝路基金与其他全球性和区域性双边发展银行之

---

① https：//china. mfa. gov. ua/ua/ukraine-cn/trade.

② https：//www. unian. net/economics/finance/10422276 – tovarooborot-mezhdu-ukrainoy-i-kitaem-vyros-pochti-do – 9 – milliardov. html.

间的关系是互补的，而不是互斥的。丝路基金将按照国际现代金融规则运作，不仅会提供经济援助，还会通过项目为不同国家的发展创造新的良机，从而形成互联互通和联动。[①]

1978年以后，中国开始开放经济，从外国引进新技术，从而实现了较高的经济增长速度。[②] 在中国共产党第十九次全国代表大会上，中共中央总书记、国家主席习近平指出，"中国致力于扩大开放和联动，要以'一带一路'建设为重点，坚持引进来和走出去并重，形成陆海内外联动、东西双向互济的开放格局"[③]。

在本文中，我们关注乌克兰在两国贸易和运输联动方面参与"一带一路"倡议的前景。

根据迈克尔·波特著名的竞争理论和钻石模型，我们详细说明了乌克兰在参与"一带一路"倡议方面的竞争优势以及经济增长因素。主要因素包括乌克兰的地理位置、自然资源，特别是有利的工农业生产区；气候条件，即长时期的河流航行能力和几乎全年的海上运输路线；以及足够数量的合格人员。

乌克兰拥有得天独厚的经济地位和地理位置，其领土

---

①　Key words of China. – Beijing：Xin Shijie Publishing House，2016. – 247c.

②　Justin Lin Yifu. *New Paradigm for Interpreting the Chinese Economy：Theories，Challenges and Opportunities-Singapore*：World Scientific Publishing Co. Pte. Ltd. ，2014. – 154 p.

③　习近平：《决胜全面建成小康社会 夺取新时代中国特色社会主义伟大胜利》——在中国共产党第十九次全国代表大会上的报告（英文版），外文出版社2008年版，第89页。

位于连接欧洲国家与中西亚国家的重要运输路线的中心点。据欧洲委员会专家表示，乌克兰领土的特点是较高的国家领土过境系数，即过境潜力高。

乌克兰大部分地区位于黑海和亚速海沿岸；海岸线长度居欧洲最长之列。这有利于形成强大的港口工业综合体。另外，乌克兰的自然条件和资源、特别是平坦的地形、温和的气候、肥沃的土地和丰富的矿产资源，都非常有利于开展密集型工农业活动。

多瑙河下游（174公里河段）流经乌克兰领土。乌克兰通过多瑙河与多个中欧和南欧国家建立起了经贸关系。

"乌克兰2030年前国家运输战略"[①] 指出，在乌克兰领土上、在亚速海—黑海流域和多瑙河河口，有13个海港，货物总装卸能力为每年2.3亿吨以上，"乌克兰2038年前海港发展战略"[②] 规定，要创建至少每年2.5亿吨的海港货物处理能力，并确保有效的港口基础设施发展。

乌克兰确定了以下专业化海港：石油和石油产品——敖德萨港；散装化学货物——彼夫丹尼港；冶金业货物（铁矿石、煤炭、有色金属）——敖德萨港、切尔诺莫斯克港、马里乌波尔港、彼夫丹尼港；谷类货物——敖德萨港、切尔诺莫斯克港、尼古拉耶夫港和赫尔松港；集装箱货

---

① https：//zakon. rada. gov. ua/laws/show/430 - 2018 - %D1%80.

② https：//zakon. rada. gov. ua/laws/show/548 - 2013 - p/conv? lang = ru.

物——敖德萨港和切尔诺莫斯克港。在确定海港发展方向时，乌克兰考虑了其主要货运量和目前的市场条件。

乌克兰拥有 2714.5 公里长的内陆水道，渡轮服务网络发达，海上集装箱航线连接着乌克兰与黑海地区的伙伴国家。乌克兰的国家公路网总里程为 169652 公里，其铁路网是欧洲最长的铁路网之一，长达 20951.8 公里，其中9926.4 公里（47%）为电气化铁路。

乌克兰位于多条欧亚运输路线的交叉点，这种地理位置使其成为欧洲和亚洲之间的过境运输桥梁。

正如"乌克兰 2030 年前国家运输战略"所述，多条国际运输走廊穿过乌克兰领土：3 号、5 号、7 号、9 号泛欧运输走廊，铁路合作组织（OSJD）3 号、4 号、5 号、7 号、8号、10 号走廊，跨欧运输网（TEN-T），欧洲—高加索—亚洲运输走廊（TRACECA）。该战略确定了以创建有竞争力和高效的运输系统为实施上述战略的主要方向，指出乌克兰的任务是增加穿过乌克兰领土的集装箱货物和其他货物运输量，包括发展以下运输路线：欧盟国家—中国（新丝绸之路），欧盟国家—伊朗、印度，欧盟国家—土耳其及其他国家（2025 年至少 100 万标准集装箱，2030 年至少 200万标准集装箱）。

在独立后的乌克兰历史上，2007 年海港的过境货物处理量达到最高历史纪录，当时乌克兰及邻国的经济增长都很活跃。当年海港的货物周转量为 1.58 亿吨（2018 年为

1.35 亿吨），而过境货物周转量占 44%，达 6950 万吨。2018 年经过乌克兰港口的过境货物总量为 10221370 吨，约为前一年货运总量的 86.6%。2019 年 1—4 月的结果表明，过境货物量同比继续减少 18.5%。[①]

目前，试点项目开通了一趟新的集装箱列车，将货物从中国运至匈牙利，在乌克兰过境，该项目具有交货时间短的优势。列车在中国陕西—匈牙利埃佩列什克（Eperechke）线路上首次试运行。列车共载运 41 个装有消费品的四十英尺集装箱，历经 14 天，于 2019 年 3 月 27 日从中国陕西出发，4 月 7 日抵达匈牙利目的地站。

新线路经过阿拉山口（中国）—多斯特克（哈萨克斯坦）—苏泽姆卡（俄罗斯）—泽尔诺沃（乌克兰）—巴特沃（乌克兰）—埃佩列什克（匈牙利）边境口岸。发起列车运行的物流运营商称之为开通了中国至匈牙利运输"南部走廊"，可以向奥地利、德国、波兰、罗马尼亚、意大利、土耳其和南欧其他国家运输货物。之所以开通该条新线路，是由于白俄罗斯和加里宁格勒的货运量大，造成主要边境口岸布列斯特—马拉舍维奇的工作量大，以及边境口岸的维修频率高。该线路计划每周定期发出一趟列车。[②]

中国参与了几十个国家涉及经济发展的项目，其经济

① http：//www.uspa.gov.ua/ru/pokazateli-raboty.

② http：//china-ukraine.info/uk/through-ukraine-a-test-flight-from-the-prc-to-hungary-was-conducted/.

规模非常庞大。建议乌克兰进行交通基础设施开发，包括大规模项目开发。① 乌克兰被视为进入欧洲市场的合作伙伴，乌中互联互通合作具有广阔的前景。

中国计划扩大成品加工生产和物流服务提供领域的投资，并继续发展共建项目。中国驻乌克兰使馆贸易和经济问题顾问刘军在 2019 年国际农业展览会上作出上述表示。他指出："没有两国在合作方向上的巨大努力，那么多像'一带一路'这样的系列项目就不会付诸实施。"他还强调中国会继续扩大进口，促进全世界的贸易关系。中国对乌克兰项目的投资总额已达 70 亿美元。②

与海上运输业有关的项目包括彼夫丹尼港和切尔诺莫斯克港的疏浚；在尼古拉耶夫港开发谷物码头，尼古拉耶夫港是谷类货物加工领域的领导者，2019 年 1—4 月的谷物转运指标为 5070000 吨，同比指数为 130.7%。③

谷类货物在乌克兰海港货物装卸总量中占比最大（30.6%），2018 年谷类货物处理量为 41380110 吨，是上年的 101.8%。④

在乌克兰对华出口的产品中，谷类货物占第二位。根据乌克兰 2018 年 1—9 月的统计，乌克兰对华出口结构以矿

---

① Ports of Ukraine – No2 (184), 03 - 2019, p. 28.

② http：//agroportal. ua/news/eksklyuzivy/kitai-uvelichit-investitsii-v-pererabotku-i-logistiku-ukrainy/.

③ http：//www. uspa. gov. ua/ru/pokazateli-raboty.

④ Ports of Ukraine – No1 (183), 02 - 2019, p. 50.

石和矿渣供应品（31.2%）、粮食作物（29.3%）、动植物来源的脂肪和油类（17.1%）、核反应堆、锅炉和机器（8.7%）、木材和木制品（4.1%）、食品工业残渣和废弃物（2.2%）、磨坊业产品（1%）和其他非贵重金属（0.9%）为主。①

乌克兰在对华玉米供应量上居首位（2017年占中国进口量的61%以上）。然而，销售收入却从2015年的8.77亿美元持续快速下降到2016年的5.08亿美元，再下降到2017年的3.69亿美元，乌克兰要不断提高竞争优势，努力开拓中国市场。

乌克兰向中国出口大麦较少（2017年对华出口1.48亿美元，占中国大麦产品进口额的8.2%）。按交货量计算，乌克兰占第三位。然而，澳大利亚和加拿大供应的产品几乎同样占有相当大的比例，最近几乎占中国大麦进口总额的90%。2017—2018年销售年度（6—7月），乌克兰向中国出口了789400吨大麦，比上年增长了163%。乌克兰大麦本季最大的市场有中国、沙特阿拉伯、欧盟和利比亚。

中国是大豆进口大国，2017年进口额为396亿美元。然而，从该作物的进口额来看，乌克兰的供应量（960万美元）是微不足道。中国主要从巴西和美国进口大豆（80%以上），中国从加拿大、乌拉圭和阿根廷进口大豆所占比例

---

① https：//china.mfa.gov.ua/ua/ukraine-cn/trade.

为2%—6%。在这方面，乌克兰有增长的潜力和动力。

在中国葵花油进口方面，乌克兰稳占领先地位。根据2017年的统计结果，中国从乌克兰进口的该产品估计有4.84亿美元，占78%。竞争对手很多，包括俄罗斯、哈萨克斯坦和阿根廷，但其占比小得多。在乌克兰供应的大豆油中，中国进口量占很大一部分（2017年为5530万美元，占10.3%）。

中国已经成为乌克兰葵花籽粕运输的主要目的地。根据2018—2019年销售季两个半月的统计结果，该线路上葵花籽粕的运输量约为170000吨，远远领先于对法国（90000吨）、白俄罗斯（72000吨）、荷兰（70000吨）和波兰（64000吨）的出口量。专家预计2018—2019年销售年度中国的葵花籽粕进口量将增加到400000吨，比上年同期数字164000吨高两倍以上。我们应当承认这些数值是非常令人振奋的，尤其是在考虑到2016—2017年销售年度该产品购进不足的情况下。①

2017年中国乳制品进口总值估计为50亿美元。乌克兰仅以乳清粉出口参与中国的这部分进口。乌克兰不向中国输入其他重要的乳制品，比如奶粉和炼乳（2017年出口总量为22亿美元）、黄油（5亿美元）、奶酪（5亿美元）。同

---

① https：//uprom. info/news/agro/kitay-stav-naybilshim-importerom-ukrayinskogo-sonyashniko-vogo-shrotu/.

时，乌克兰这些产品的生产厂家在其他国家市场上所占的份额很充足。再来看对中国的乳清粉供应，需要注意的是近年来供应量增长很活跃：2015 年为 50 万美元，2016 年为 230 万美元，2017 年为 1250 万美元。根据这些指标，乌克兰已经超过或接近白俄罗斯、奥地利、丹麦、新西兰和芬兰等传统乳制品出口国。然而，这一市场上只有一种产品，比如乳清粉，并且其市场份额仍不大——约为 2%，表明乌克兰生产商仍有未挖掘的机遇可以进入中国的乳制品市场。法国（2017 年为 1.13 亿美元）、荷兰（6400 万美元）、德国（3410 万美元）和波兰（3070 万美元）一直占据领先地位。

近年来，乌克兰木制品行业对华出口产品不断增长，主要出口低加工度低的锯木厂原材料。特别值得一提的是，对华锯材出口从 2015 年的 1400 万—1500 万美元增长到 2017 年的 3500 万美元；胶合板出口从 340 万—390 万美元增长到 820 万美元；同时，原木交货量减少了。①

就相互合作背景下乌克兰对华出口的结构而论，乌克兰的兴趣不仅在于维持农产品、木材原料和低加工木材的地位，还在于扩大进入乌克兰农产品（面粉、意大利面等）、油类和脂肪、乳制品、高附加值工业产品等占据世界最大原料市场地位的优质产品出口中国的能力。这部分市

---

① https://tyzhden.ua/Economics/221039.

场的刺激可以确保国内生产的增长，创造新的工作岗位，并确保增加外汇收入。

多数成品货物是被列为集装箱货物进行运输的。

集装箱货物居于乌克兰港口转运的前五大货物之列，增长动力最强劲。集装箱货物在 2018 年港口货物周转总量中的占比增长到了 8.1%，上年为 5.9%。2018 年集装箱货物处理总量为 1090 万吨，相当于 847000 个标准集装箱。

敖德萨港处理了 50 多万个集装箱，约占乌克兰集装箱周转量的 70.7%（598690 标准集装箱），彼夫丹尼港的处理量占 14.7%（124947 个标准集装箱），黑海渔港的处理量占 14.5%（123147 个标准集装箱）。截至 2016 年，处理集装箱货物的港口增加了两个，即切尔诺莫斯克和马里乌波尔。

过去三年来，全球集装箱市场发生了重大变化，无论是集装箱航线的组成还是航线联盟的组成均发生了重大变化。2016 年，中国公司中国远洋运输集团（简称"中远集团"）和中国海运集团（简称"中国海运"）合并为一家公司——中国远洋海运集团有限公司（简称"中远海运"）。同年，法国公司法国达飞海运集团（CMA CGM）兼并美国总统轮船（APL）。2017 年 5 月，德意志航运公司赫伯罗特（Hapag-Lloyd）和阿拉伯联合国家轮船公司（UASC）完成合并。同样在 2017 年，丹麦公司马士基航运公司（Maersk Line）最终兼并了汉堡南美船务集团（Hamburg-Süd）。

2018 年并购潮仍在继续。中远海运完成对 OOC 航运公司的收购，为后者保留了打造自有品牌的机会。

面对日益激烈的竞争，为了降低费用，各运输公司建立了三个联盟，如今主宰着全球市场——2M 联盟（由马士基航运公司和地中海航运组成），大洋联盟（由中远集团、法国达飞轮船、长荣海运和东方海外组成），THE 联盟（由商船三井、日本邮船会社和川崎汽船、赫伯罗特航运公司和阳明海运组成）。在五年前，十大航运公司占世界集装箱运输量的 68%，但 2018 年已经占到了 80% 左右。

在乌克兰，所有经过国内港口的集装箱中有 82% 是由这些全球联盟的参与者运输的。如上所述，2018 年经过乌克兰海运码头的集装箱数量共计 847000 个标准集装箱。乌克兰市场对世界多数集装箱货运公司仍具吸引力。17 家航运公司经由乌克兰港口组织发货。同时，17 家公司全都在敖德萨海港停靠，2 家公司（马士基航运公司和 MCC）在黑海渔港停靠，只有马士基航运公司在彼夫丹尼港停靠。

以下主要航线在乌克兰港口停靠：（1）博斯普鲁斯快线服务（Bosphorus Express Service，英文缩写为 VEX）是大洋联盟的一条每周服务航线，船只在敖德萨港停靠。该航线共有 10 艘船，其中五艘运力约为 10000 个标准集装箱，由法国达飞轮船集团运营。相应地，其他船只由中远集团运营，每艘船舶运力约为 9600 个标准集装箱；（2）ZIM Med Pacific（ZMP）是以星航运（ZIM）的每周服务航线，从远东港口始发，停靠敖德萨。该航线上有 4 艘船，运力为 5000 标准集装箱；（3）ECUMED——马士基航运公司的每周服务航线，从拉丁美洲进入乌克兰彼夫丹尼港的水域。该航线有 10 艘船，每艘船的运力为 3100 个标准集装箱；（4）中东航线（ME3）是马士基航运公司的每周服务航线，连接乌克兰港口和中东国家。马士基航运公司的船舶进敖德萨港和黑海渔港。然而，2018 年 4 月以来，该航线上的停靠港口线发生了变化。根据业务发展计划和船舶停靠优化计划，马士基航运公司决定从敖德萨港迁到彼夫丹尼港。该航线上有 8 艘船，运力为 6800 标准集装箱。

2018 年，由日本三家航运公司——川崎汽船、商船三井、日本邮船联合而成的 ONE（Ocean Network Express，海洋网联船务）进入乌克兰。从 2018 年 4 月开始，ONE 推出了两项停靠比雷埃夫斯和伊斯坦布尔港的海运服务，集装箱已从这两个港口运到了抵达敖德萨港的支线。

2018 年 4 月，中远海运决定关闭从埃及始发停靠敖德萨港的每周支线，该支线只运营了六个月。自 2018 年 8 月起，法国达飞轮船集团（CMA CGM）关闭了从北非始发的支线——BS MedExpress 1，该支线也是停靠敖德萨港。①

为了更全面地理解这一问题，让我们来分析一下航线运输的基本组织方案。

---

① Ports of Ukraine – №2（184），03 – 2019，p. 46 – 48.

按照定义，班轮运输服务的性质就是由预先确定的港口之间提供的定期服务。于是可以找到一些主要的贸易线路。这些线路可被视为"干线"或"轴线"，特别适用于环球服务，在这些线路上设置装货中心或枢纽港。通过支线船舶可以给装货中心或枢纽港带来其他班轮服务。

班轮运输服务就是集装箱船上的海上货物运输服务，由承运人或运营商按公布的船期、在选定的港口或系列港口之间、按公布的运费或关税定期运营。

班轮运输服务可以是传统型的，船舶在两个系列或两组港口之间、在船舶的贸易或服务区两端运行，只是把货物从一个港口运到另一个港口。这种服务可称为"端到端的班轮运输服务"。它可能要求班轮运营商想办法将空集装箱运回到基地港或出发港。因为有些贸易商非常不安定，所以在提供班轮运输服务时效率非常低。

另一个类型的班轮运输服务是"环球班轮服务"，多条班轮线路可以合并为一条环球服务线路。不严格地说，这类服务可以称为"循环取货"，类似于送奶工以循环方式自始至终地定期为住户送牛奶的做法。

还有一种服务是"网络班轮运输服务"，大型深海定期班轮在大陆端到端或环球线路上航行，并提供从网络中一部分始发的支线服务。这类服务业也可以称为"干线/支线"服务。①

运力在 15000—20000 个标准集装箱的现代集装箱船舶吃水深度为 15 米以上。乌克兰没有深水港可以停靠这样的船舶。彼夫丹尼港最深、最新的集装箱码头——"TIS KT"码头深 15 米，几乎就要达到上述指标。② 在敖德萨港，布鲁克林—基辅码头的船舶允许吃水深度可达 13 米；"敖德萨集装箱码头"（"CTO"）为 11.5—12 米；③ 在黑海渔港，泊位深度可达 12.2—14 米。④

乌克兰联通欧亚过境通道的优势，将在深度参与"一带一路"倡议的过程中发挥更大的作用，并为乌克兰的再发展，再工业化提供难得的发展契机。

① Bes' Chartering and Shipping Terms/Eleventh edition by Norman J. Lopez. – London：Barker & Yoward Ltd，1992. p. 641

② http：//www. tis. ua/main_ru. html.

③ http：//www. sifservice. com/index. php/informatsiya/porty-ukrainy/morskie-porty/item/27 – odessa-morskoy-port.

④ http：//www. imrp. com. ua/ru/konteynernyiy-terminal.